1億円を作る!

億り人がやっている 株探《かぶたん》の超スゴい裏ワザ大全

井村俊哉／愛鷹／某OL（emi）／余弦／DAIBOUCHOU／uki5496

宝島社

目次

第4章 その手があったか！『株探』異色活用法

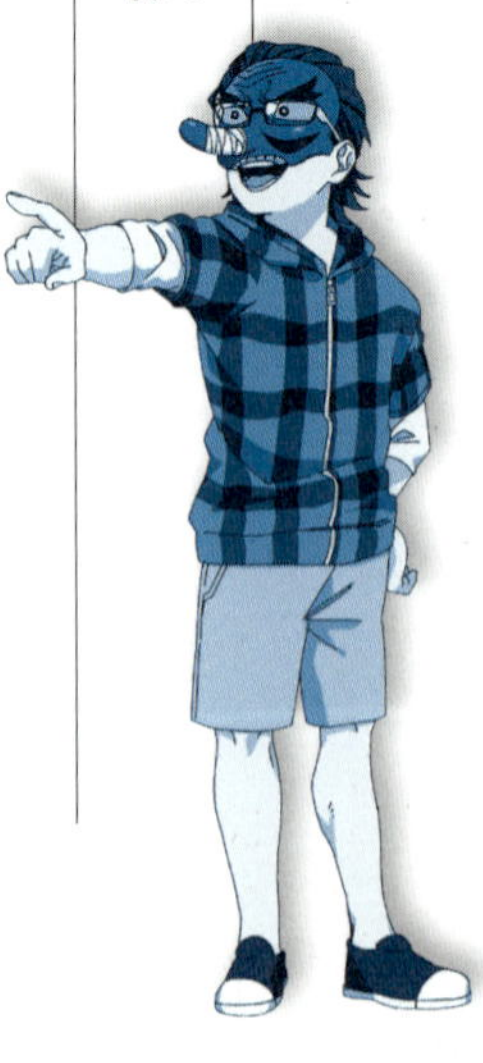

表紙デザイン●鈴木貴之
本文デザイン●戸部明美(at)
編集協力●鷲田真一、高水茂
ライター●井ノ上昇、日野秀規
イラスト●そーえんごとう

本書の使い方

『株探』編集部が『株探』の活用法を伝授!

本書はミンカブ・ジ・インフォノイドが提供する『株探《かぶたん》(https://kabutan.jp/)』の活用方法を紹介するものです。『株探』の活用法だけを紹介したサブテキストとしては、初の書籍となります。

まず、『株探』編集部が初公開する『株探』の表技、裏技です。「表技」としては、株価チャートの200日移動平均線を含むチャートの長期化、テクニカル指標のRCI、RSI、そして今人気の米国株の情報を提供する『株探・米国株版』など、2021年から新たに追加された新機能を踏まえた『株探』の新たな活用法を紹介します。

もちろん、トップページ(図1)の「グローバルナビ」を始め、豊富なコンテンツの使い方も逐一紹介しています。

「裏技」としては、『株探』の目玉記事である「明日の好悪材料」や、「株探トップ特集」など、編集部イチ押し記事の読み解き方を解説します。
これだけ読めば、すぐにでも『株探』のページを開いて有望銘柄を発掘する基本的ノウハウが身に付くでしょう。

「億り人」の投資手法を『株探』で再現

第2章以降では、「億り人（おくりびと）」と呼ばれる、運用資産1億円以上の凄腕投資家たちが、実際に『株探』を活用して銘柄を発掘する方法を紹介しています。そのため、億単位の資産を築き上げた投資手法を学べるだけでなく、それを『株探』を使って再現する手順まで覗き見ることができるのです。

例えば、「市場ニュース」「決算速報」「株価注意報」など、『株探』のさまざまなメニューの中の、どこをチェックしているのか。あるいは個別銘柄の情報を見る際には、決算、チャート、大株主など、どの情報を重視しているのか、といった具合です。

個別銘柄の「決算」タブから業績や財務内容を見る視点や、「チャート」タブから株価チャートを開いてチャートのトレンドから買い時、売り時を見極める視点は、それぞれの投資家の投資スタイルによって異なります。

そこで本書では、ファンダメンタルズ重視派（第2章）、ファンダメンタルズとテクニカル

■図1 『株探』トップ画面

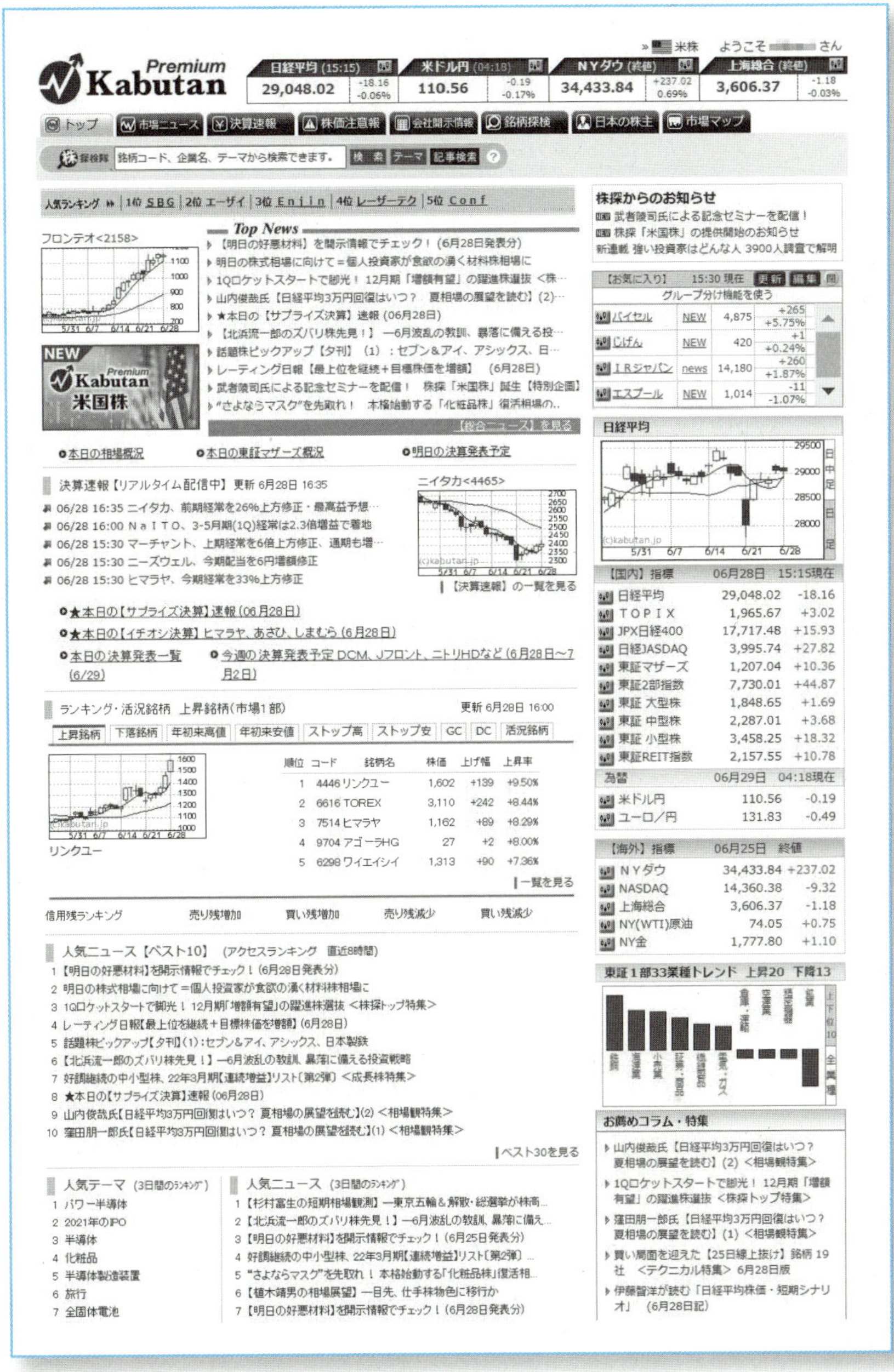

米株
ようこそ　さん
Premium Kabutan
日経平均 (15:15)
29,048.02
-18.16
-0.06%
米ドル円 (04:18)
110.56
-0.19
-0.17%
NYダウ (終値)
34,433.84
+237.02
0.69%
上海総合 (終値)
3,606.37
-1.18
-0.03%
トップ
市場ニュース
決算速報
株価注意報
会社開示情報
銘柄探検
日本の株主
市場マップ
株探検索
銘柄コード、企業名、テーマから検索できます。
検索
テーマ
記事検索
人気ランキング
1位 SBG | 2位 エーザイ | 3位 Enjin | 4位 レーザーテク | 5位 Conf
フロンテオ<2158>
NEW
Premium Kabutan 米国株
Top News
【明日の好悪材料】を開示情報でチェック！（6月28日発表分）
明日の株式相場に向けて＝個人投資家が食欲の湧く材料株相場に
1Qロケットスタートで飛躍！ 12月期「増額有望」の躍進株選抜 <株…
山内俊哉氏【日経平均3万円回復はいつ？　夏相場の展望を読む】(2)…
★本日の【サプライズ決算】速報（06月28日）
【北浜流一郎のズバリ株先見！】 ―6月波乱の教訓、暴落に備える投…
話題株ピックアップ【夕刊】（1）：セブン＆アイ、アシックス、日…
レーティング日報【最上位を継続＋目標株価を増額】　(6月28日)
武者陵司氏による記念セミナーを配信！　株探「米国株」誕生【特別企画】
"さよならマスク"を先取れ！　本格始動する「化粧品株」復活相場の..
【総合ニュース】を見る
本日の相場概況
本日の東証マザーズ概況
明日の決算発表予定
決算速報【リアルタイム配信中】 更新 6月28日 16:35
06/28 16:35 ニイタカ、前期経常を26%上方修正・最高益予想…
06/28 16:00 NaITO、3-5月期(1Q)経常は2.3倍増益で着地
06/28 15:30 マーチャント、上期経常を6倍上方修正、通期も増…
06/28 15:30 ニーズウェル、今期配当を6円増額修正
06/28 15:30 ヒマラヤ、今期経常を33%上方修正
ニイタカ<4465>
【決算速報】の一覧を見る
★本日の【サプライズ決算】速報（06月28日）
★本日の【イチオシ決算】ヒマラヤ、あさひ、しまむら（6月28日）
本日の決算発表一覧（6/29）
今週の決算発表予定 DCM、Jフロント、ニトリHDなど（6月28日～7月2日）
ランキング・活況銘柄　上昇銘柄（市場1部）　更新 6月28日 16:00
上昇銘柄　下落銘柄　年初来高値　年初来安値　ストップ高　ストップ安　GC　DC　活況銘柄
リンクユー
順位　コード　銘柄名　株価　上げ幅　上昇率
1　4446 リンクユー　1,602　+139　+9.50%
2　6616 TOREX　3,110　+242　+8.44%
3　7514 ヒマラヤ　1,162　+89　+8.29%
4　9704 アゴーラHG　27　+2　+8.00%
5　6298 ワイエイシイ　1,313　+90　+7.36%
一覧を見る
信用残ランキング　売り残増加　買い残増加　売り残減少　買い残減少
人気ニュース【ベスト10】（アクセスランキング　直近8時間）
1 【明日の好悪材料】を開示情報でチェック！（6月28日発表分）
2 明日の株式相場に向けて＝個人投資家が食欲の湧く材料株相場に
3 1Qロケットスタートで飛躍！ 12月期「増額有望」の躍進株選抜 <株探トップ特集>
4 レーティング日報【最上位を継続＋目標株価を増額】（6月28日）
5 話題株ピックアップ【夕刊】(1)：セブン＆アイ、アシックス、日本製鉄
6 【北浜流一郎のズバリ株先見！】―6月波乱の教訓、暴落に備える投資戦略
7 好調継続の中小型株、22年3月期【連続増益】リスト〔第2弾〕<成長株特集>
8 ★本日の【サプライズ決算】速報（06月28日）
9 山内俊哉氏【日経平均3万円回復はいつ？ 夏相場の展望を読む】(2) <相場観特集>
10 窪田朋一郎氏【日経平均3万円回復はいつ？ 夏相場の展望を読む】(1) <相場観特集>
ベスト30を見る
人気テーマ（3日間のランキング）
1 パワー半導体
2 2021年のIPO
3 半導体
4 化粧品
5 半導体製造装置
6 旅行
7 全固体電池
人気ニュース（3日間のランキング）
1 【杉村富生の短期相場観測】―東京五輪＆解散・総選挙が株高…
2 【北浜流一郎のズバリ株先見！】―6月波乱の教訓、暴落に備え…
3 【明日の好悪材料】を開示情報でチェック！（6月25日発表分）
4 好調継続の中小型株、22年3月期【連続増益】リスト〔第2弾〕…
5 "さよならマスク"を先取れ！ 本格始動する「化粧品株」復活相…
6 【植木靖男の相場展望】―一旦先、仕手株物色に移行か
7 【明日の好悪材料】を開示情報でチェック！（6月28日発表分）
株探からのお知らせ
武者陵司氏による記念セミナーを配信！
株探「米国株」の提供開始のお知らせ
新連載 強い投資家はどんな人 3900人調査で解明
【お気に入り】 15:30 現在　更新　編集
グループ分け機能を使う
バイセル　NEW　4,875　+265　+5.75%
じげん　NEW　420　+1　+0.24%
IRジャパン　news　14,180　+260　+1.87%
エスプール　NEW　1,014　-11　-1.07%
日経平均
【国内】指標　06月28日　15:15現在
日経平均　29,048.02　-18.16
TOPIX　1,965.67　+3.02
JPX日経400　17,717.48　+15.93
日経JASDAQ　3,995.74　+27.82
東証マザーズ　1,207.04　+10.36
東証2部指数　7,730.01　+44.87
東証 大型株　1,848.65　+1.69
東証 中型株　2,287.01　+3.68
東証 小型株　3,458.25　+18.32
東証REIT指数　2,157.55　+10.78
為替　06月29日　04:18現在
米ドル円　110.56　-0.19
ユーロ／円　131.83　-0.49
【海外】指標　06月25日　終値
NYダウ　34,433.84　+237.02
NASDAQ　14,360.38　-9.32
上海総合　3,606.37　-1.18
NY(WTI)原油　74.05　+0.75
NY金　1,777.80　+1.10
東証1部33業種トレンド　上昇20　下降13
お薦めコラム・特集
山内俊哉氏【日経平均3万円回復はいつ？夏相場の展望を読む】(2) <相場観特集>
1Qロケットスタートで飛躍！ 12月期「増額有望」の躍進株選抜 <株探トップ特集>
窪田朋一郎氏【日経平均3万円回復はいつ？夏相場の展望を読む】(1) <相場観特集>
買い局面を迎えた【25日線上抜け】銘柄 19社 <テクニカル特集> 6月28日版
伊藤智洋が読む「日経平均株価・短期シナリオ」（6月28日記）

併用派（第3章）など、投資家のタイプを章ごとに分けました。また、基本的な『株探』の使い方を踏まえた上で、より独創的な活用法を示してくれた億り人もいますので、興味のある方は第4章をご覧ください。

自分の投資スタイルに合った投資家の手法を参考にすることで、読者のみなさんも今後の投資に有益な情報を吸収できること請け合いです。

※本書で紹介しているデータや情報は特別な表記がない限り、2021年7月現在のものです。本書は株式投資に役立つ情報を掲載していますが、あらゆる意思決定、最終判断は、ご自身の責任において行われますようお願いいたします。ご自身の株式投資で損害が発生した場合、株式会社宝島社及び著者、本書制作にご協力いただいた企業・スタッフは一切、責任を負いません。また、本書の内容については正確を期すよう万全の努力を払っていますが、2021年7月以降に相場状況が大きく変化した場合、その変化は反映されていません。ご了承ください。

第1章

基本から応用まで『株探』徹底活用ガイド

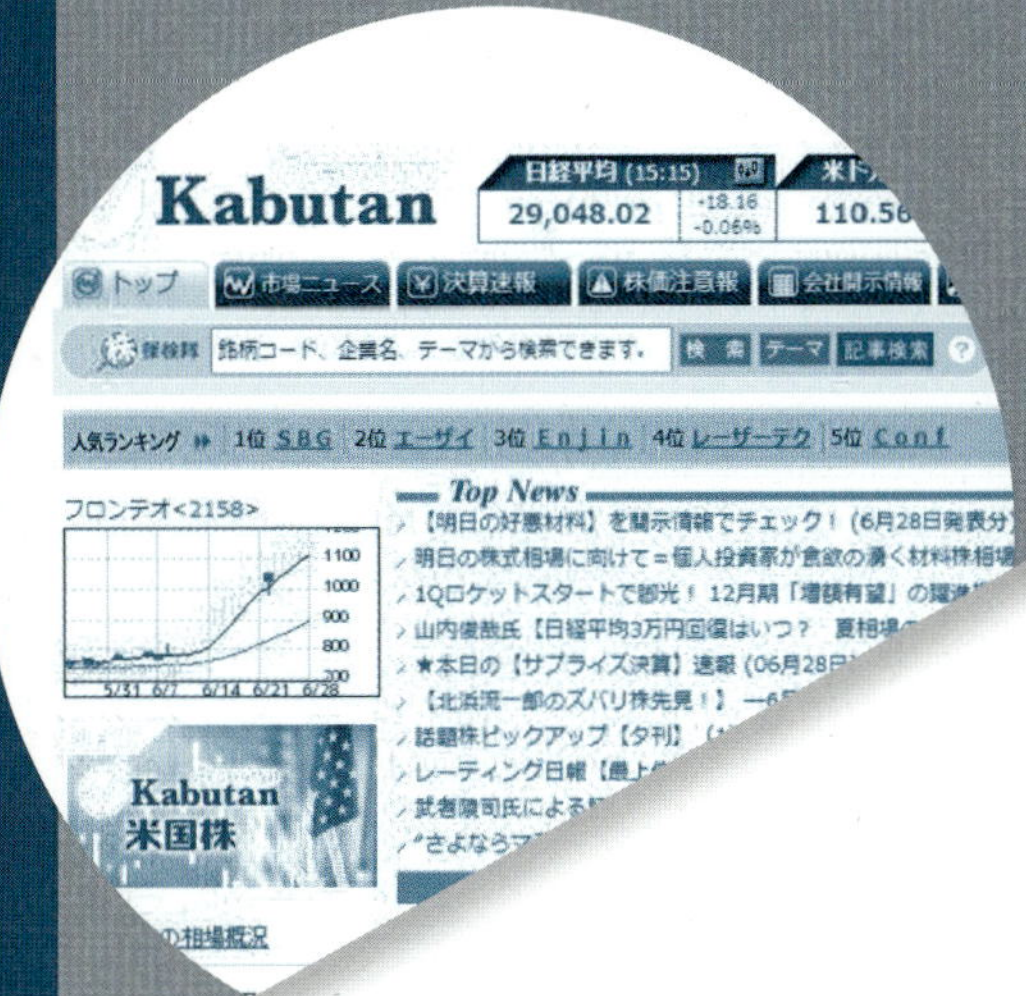

『株探』編集部が伝授する『株探』の表技、裏技

「長期移動平均線」を追加、期間は自由に設定可能！

株式投資の銘柄発掘・銘柄探検サイト『株探』では、ユーザーから寄せられた要望も踏まえ、2021年に入って新たな機能を追加しました。そこでまずは、それらの新機能の活用法を紹介します。

まず、チャート機能を強化し、特に移動平均線を細かく設定できるようにしました。日足（1日の値動きを表しているローソク足）チャートに「200日移動平均線」、週足に「52週移動平均線」、月足に「60カ月移動平均線」、さらに年足には「10年移動平均線」と「20年移動平均線」と、従来に比べてより長期の移動平均線が追加されています（図2）。

特に「200日移動平均線」は、『株探』ユーザーから強い要望があって実現したものです。これにより、移動平均線を使った代表的なテクニカル手法である「グランビルの法則」を活用することが可能になります。

■図2 チャート機能に200日移動平均線を追加

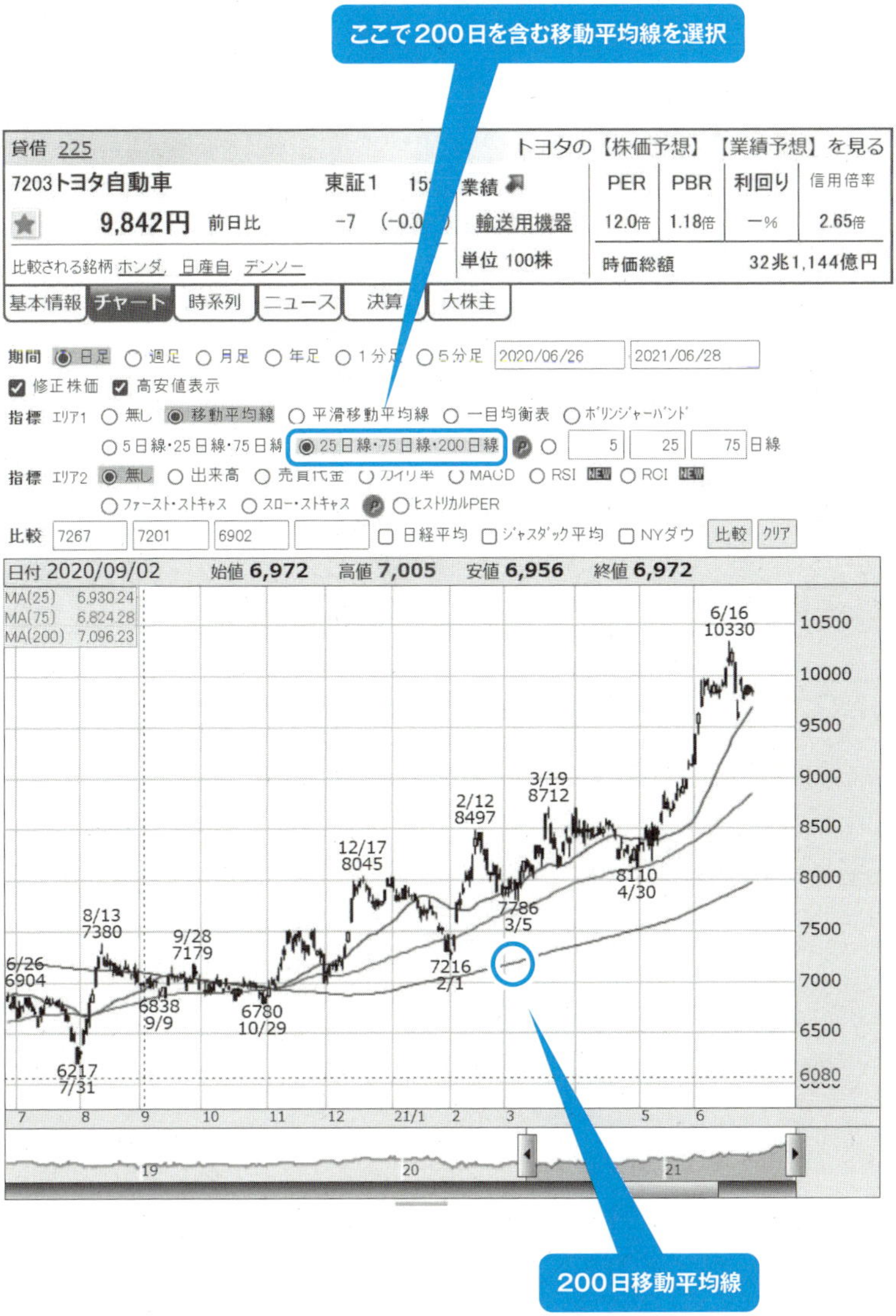

トヨタ自動車(7203)

「グランビルの法則」はもっともポピュラーなテクニカル手法の一つで、移動平均線と株価の乖離の仕方や方向性を見ることで、「買い」「売り」のタイミングを見極める手法です（図3）。その際に用いる移動平均線は、200日移動平均線が信頼できると言われています。

また、投資判断を行うときに、200日移動平均線が株価の上にあるのか下にあるのかを見極めることが重要です。株価が200日移動平均線の上にあり、上向いていると上昇トレンドを形成しているということになります。

『株探』の情報のベースは決算情報などのファンダメンタルズをメインとし、ユーザーの方々の投資スタイルも、多くはファンダメンタルズ分析が中心のようです。しかし、『株探』機能を使いこなしているユーザーの中には、ファンダメンタルズ分析とテクニカル分析を複合的に活用し、投資判断をしている方も多くいらっしゃいます。200日移動平均線をはじめとする今回のチャート新機能の追加は、そうしたヘビーユーザーの方々の声に応えた形で実現したとも言えます。

加えて、ユーザーの方々の利便性の向上に配慮して、「短期にウエートを置いた3本の移動平均線」と「長期にウエートを置いた3本の移動平均線」の組み合わせをプリセットし、いずれかを選択するだけで即座に変更を行えるようにしました。例えば、日足チャートであれば「5日、25日、75日」と「25日、75日、200日」のどちらかを選べば、瞬時にその移動平均線がチャートに反映されます（図4）。

■図3 グランビルの法則の例

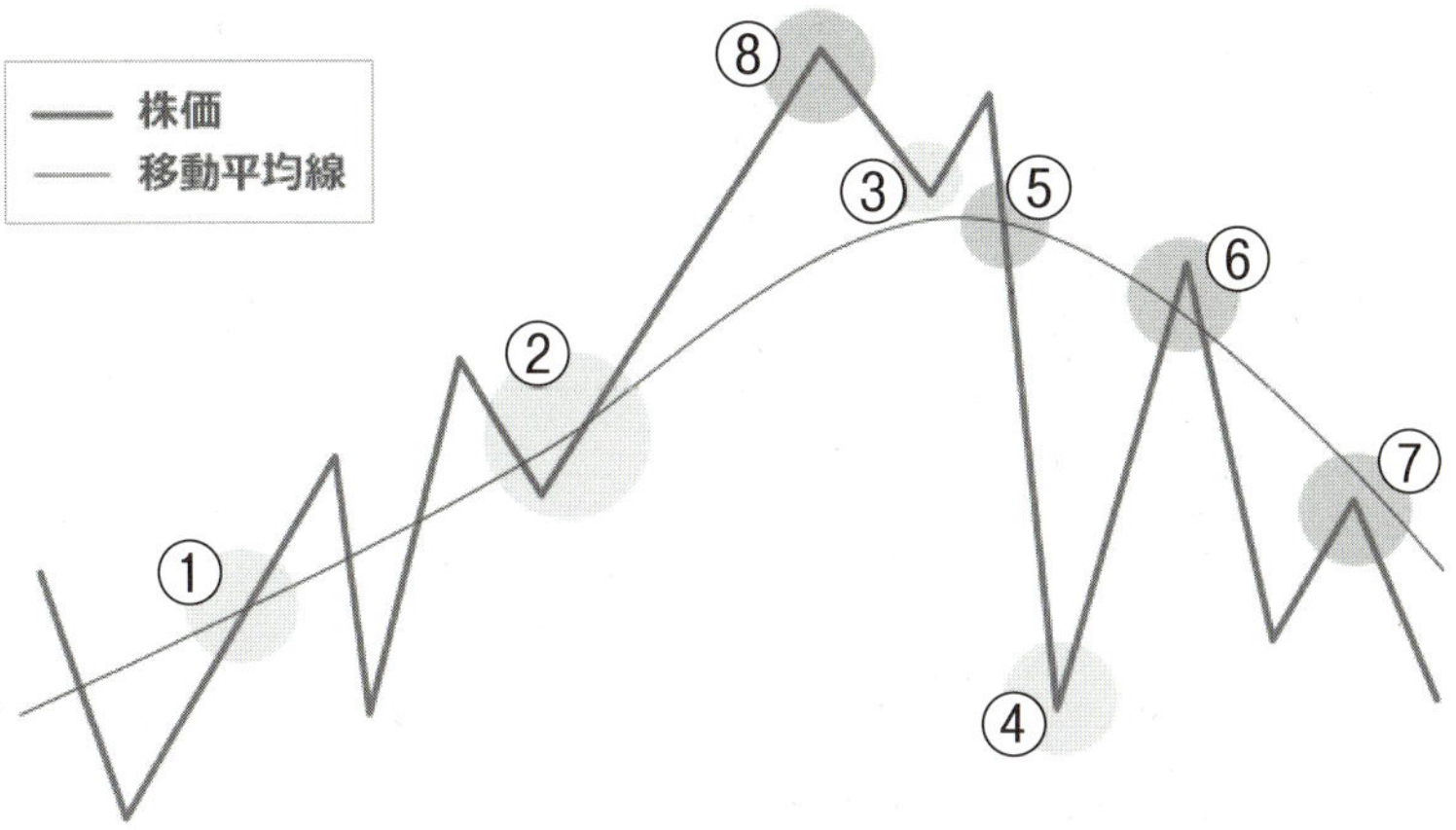

【買いサインの例】

①移動平均線が下落した後、横ばいか上向きに転じたところで株価が移動平均線を下から上に抜けたとき

②移動平均線が上向きのときに、株価が下落し移動平均線を一時的に下回ったとき。あるいは、そこから再度上昇し株価が移動平均線を下から上に突き抜けたとき

③移動平均線が上向きのときに、株価が移動平均線の手前まで下落しながらも移動平均線とクロスすることなく再び上昇し始めたとき

④株価が移動平均線の下に大きく乖離したとき

【売りサインの例】

⑤移動平均線が上昇した後、横ばいか下向きに転じたところで株価が移動平均線を上から下に抜けたとき

⑥移動平均線が下向きのときに株価が上昇して移動平均線を一時的に上回ったとき、あるいはそこから上昇せずに再び下がり始めたとき

⑦移動平均線が下向きのときに、株価がいったん上昇したものの移動平均線の手前で止まり、再度下落したとき

⑧株価が移動平均線の上に大きく乖離したとき

さらにプレミアム会員向けには、ユーザーが移動平均線の期間を自由に設定できる機能を追加しました。

投資家によっては、独自の期間の移動平均線を活用する方もいます。例えば、25日線、75日線は土曜日も市場が稼働していたころの名残なので、20日線、60日線に変えられるなど、移動平均線へのこだわりに対応しています。20日は1カ月、60日は3カ月を意味します。

移動平均線の期間について3本すべてのカスタマイズはもちろん、入力欄の一つまたは二つのみを入力することにより、移動平均線の本数を1本あるいは2本に絞って表示することもできます。中には、２００日移動平均線だけ1本にして、投資判断をするユーザーもいます。

銘柄ごとに最適な移動平均線を検証して選択することが可能となり、より高いパフォーマンスを追求することが可能です。

株価チャートの最大表示期間を大幅に拡張

新機能の二つ目として、個別銘柄を中心に株価チャートの表示期間を、日足、週足、月足のそれぞれについて大幅に拡張しました（プレミアム会員限定）。

日足、週足では22年間、月足では41年間の長期にわたって株価チャートを詳細に分析することができるようになりました。これだけ長期間のチャートを詳細に見ることができるサービス

■図4 移動平均線をカスタマイズ

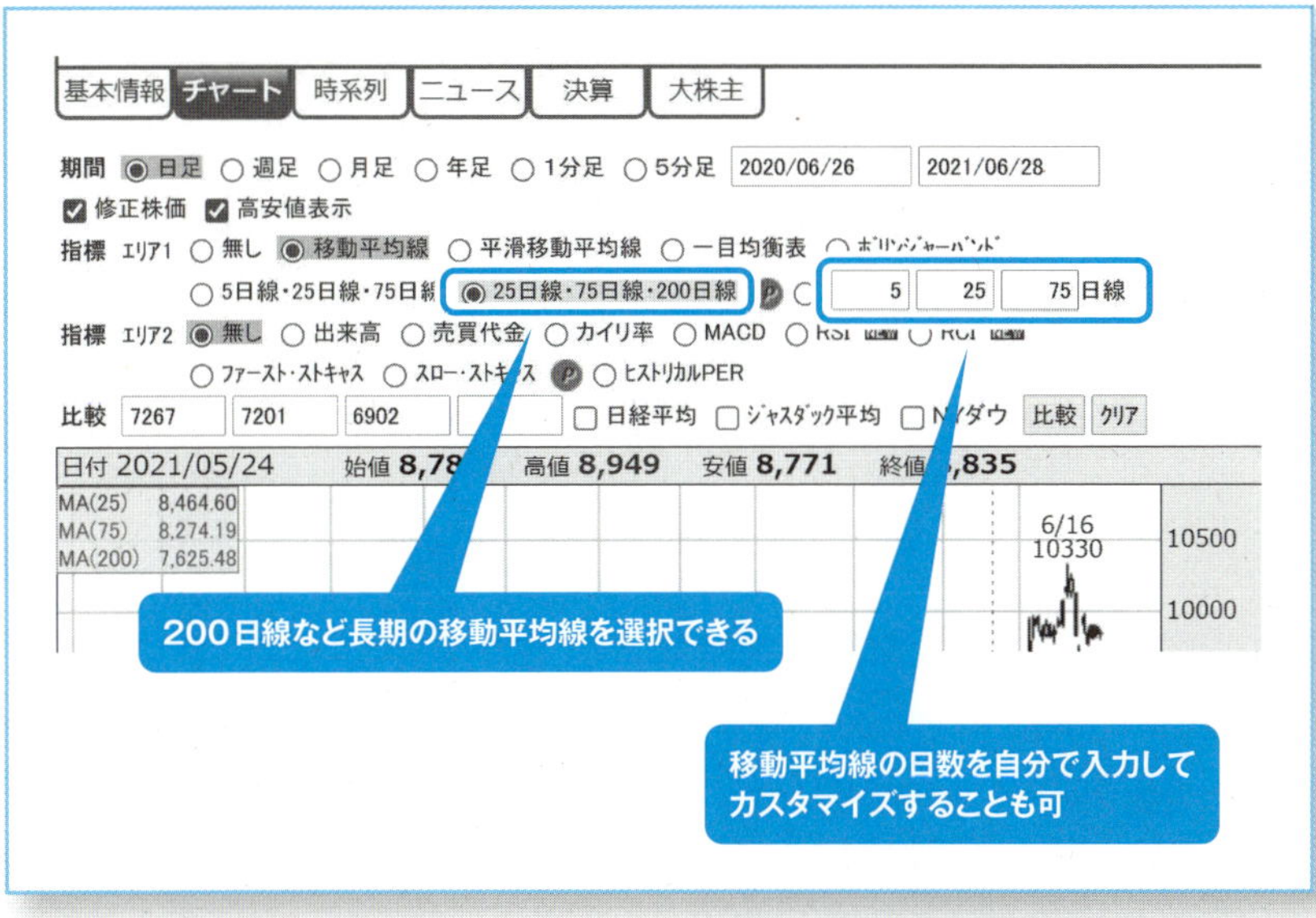

■図5 用途に合わせてチャートの表示期間も変更可

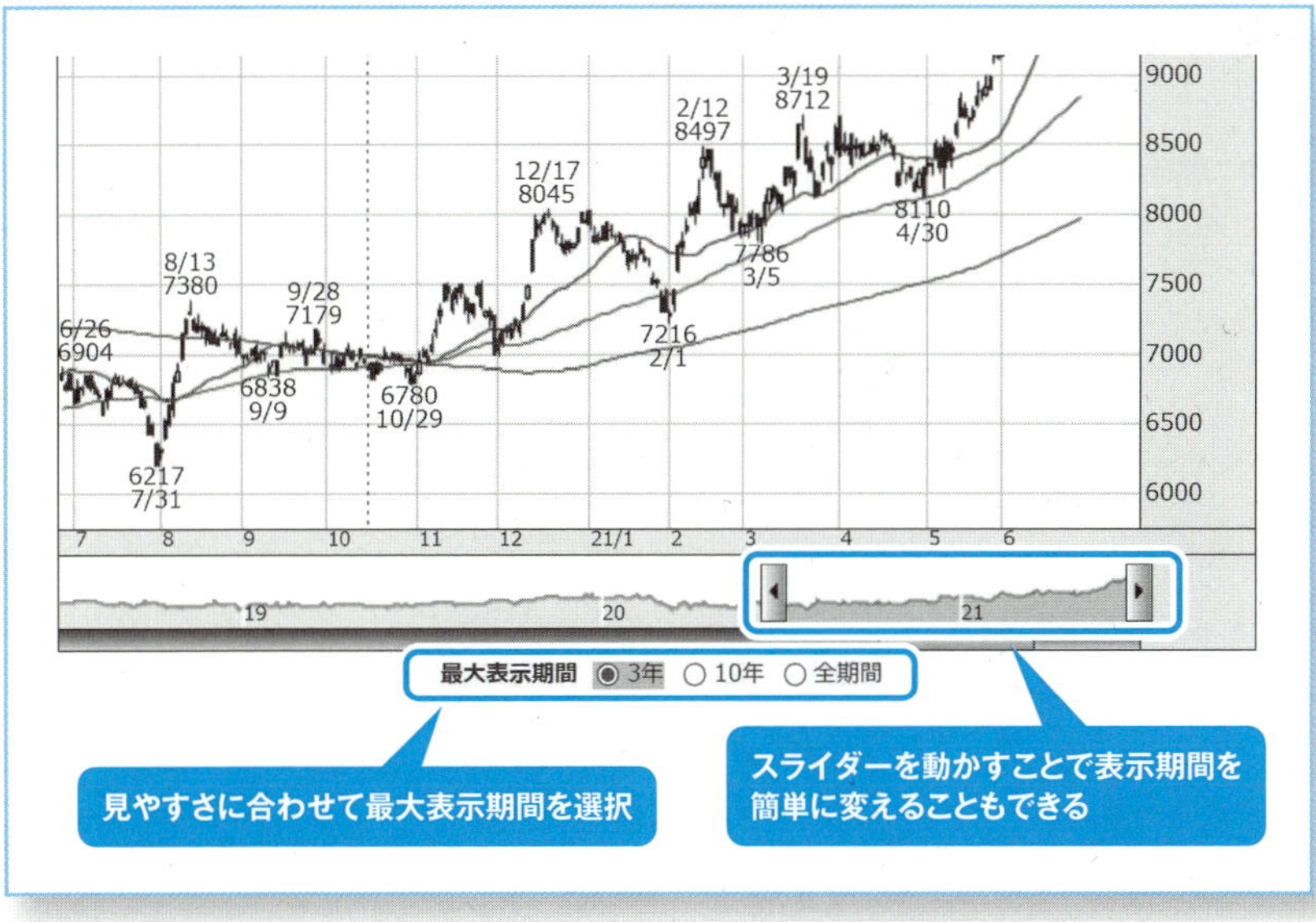

は、なかなか少ないようです。41年前といえば１９８０年ですから、日本がバブル経済に向かっている時期で、日経平均株価がピークに向かって上昇する時期の推移を見ることができます。また年足に関しては、従来どおり１９４９年からのものを見ることができます。

過去のチャートを振り返ることは、株式投資の基本でもあり、重要な分析手法の一つです。例えば今回のコロナショックのようなときに株価がどのように動くのかを予測するためには、類似した状況があった時代の値動きを振り返るのも効果的です。

２００８年のリーマン・ショック、２０１１年の東日本大震災の頃など、大きな外部環境の変化が起きた時代の株価パターンと比較・分析することで、今後の展開を予測する上での大きなヒントが得られることもあるからです。

先に紹介した２００日移動平均線の新機能も、チャートの全表示期間（最大22年）をさかのぼってその推移を追跡することができるようになりました。他の移動平均線と併せて長期の過去データと照らし合わせることで、その銘柄にとってどの移動平均線が売買サインとして有効であるのかを検証し、絞り込むことが容易となります。特に、プレミアム会員限定の機能ではありますが、移動平均線の長期・短期の変数を自由に変更することで、さらに長期チャートの活用の幅も広がると思います。

また、日足チャートでは表示本数が最大で５４００本を超えるため、操作性や見やすさを考慮し、目的に合わせて最大表示期間をチャート下の「3年、10年、全期間」のラジオボタンにより選択できるのも便利です。

また、「全期間」を選択した上で、チャート下段のスライダーを操作することでお好みの表示期間を設定することもできます（図5）。

逆張り戦略の強力な武器！「RSI」と「RCI」を追加

逆張り戦略をする投資家のために、強力な武器となるテクニカル指標「RSI（相対力指数）」と「RCI（順位相関指数）」の二つを追加しました。これらは移動平均線同様、ユーザーからの強い要望があったものです。ともに、「買われすぎ」「売られすぎ」を示すオシレーター系の代表的なテクニカル指標です（図6、7）。

特に規則的な波動を描く銘柄の分析において、これらの指標は値動きの強弱を測り、株価が買われすぎか、売られすぎかを判断するツールとして威力を発揮します。

例えばRSIは、一定期間内の上げ幅と下げ幅の割合を示したもので、どちらの勢いがあるかを計測するのに活用する指標です。『株探』での期間は14日間です。RSIの数値は、50％を中心として推移し、おおよそ70％以上は買われすぎ、30％以下は売られすぎの水準とされています。売られすぎのときに〝買い〟、買われすぎのときに〝売る〟売買を繰り返すことで、パフォーマンスの向上が期待できます。特にRSIはオシレーター系の指標の中でも人気の指標で、多くの投資家が使っています。

【RSI　買いシグナル】
20〜30％以下は売られすぎ（安値圏）
30％以下から反転し再び30％を上抜いたとき

【RSI　売りシグナル】
70〜80％以上は買われすぎ（高値圏）
70％以上から反落し再び70％を下抜いたとき

一方のRCIは、一定期間内の株価の終値に高い値から安い値まで順位を付けて、その期間の日数との相関関係を指数化したものです。

期間については、9日間（短期線）と26日間（長期線）を数値化し、移動平均線のように、ゴールデンクロス、デッドクロスで判断できるようにしています。数値は0を基準にプラス100％からマイナス100％の間で推移します。プラス80％以上は買われすぎ、マイナス80％以下で売られすぎと判断します。

RCIは、コアな投資家からの要望が強く、そのニーズを反映したものです。将来的には期間も自由に設定できるようにする方針です。

■図6 RSIとRCIの見方

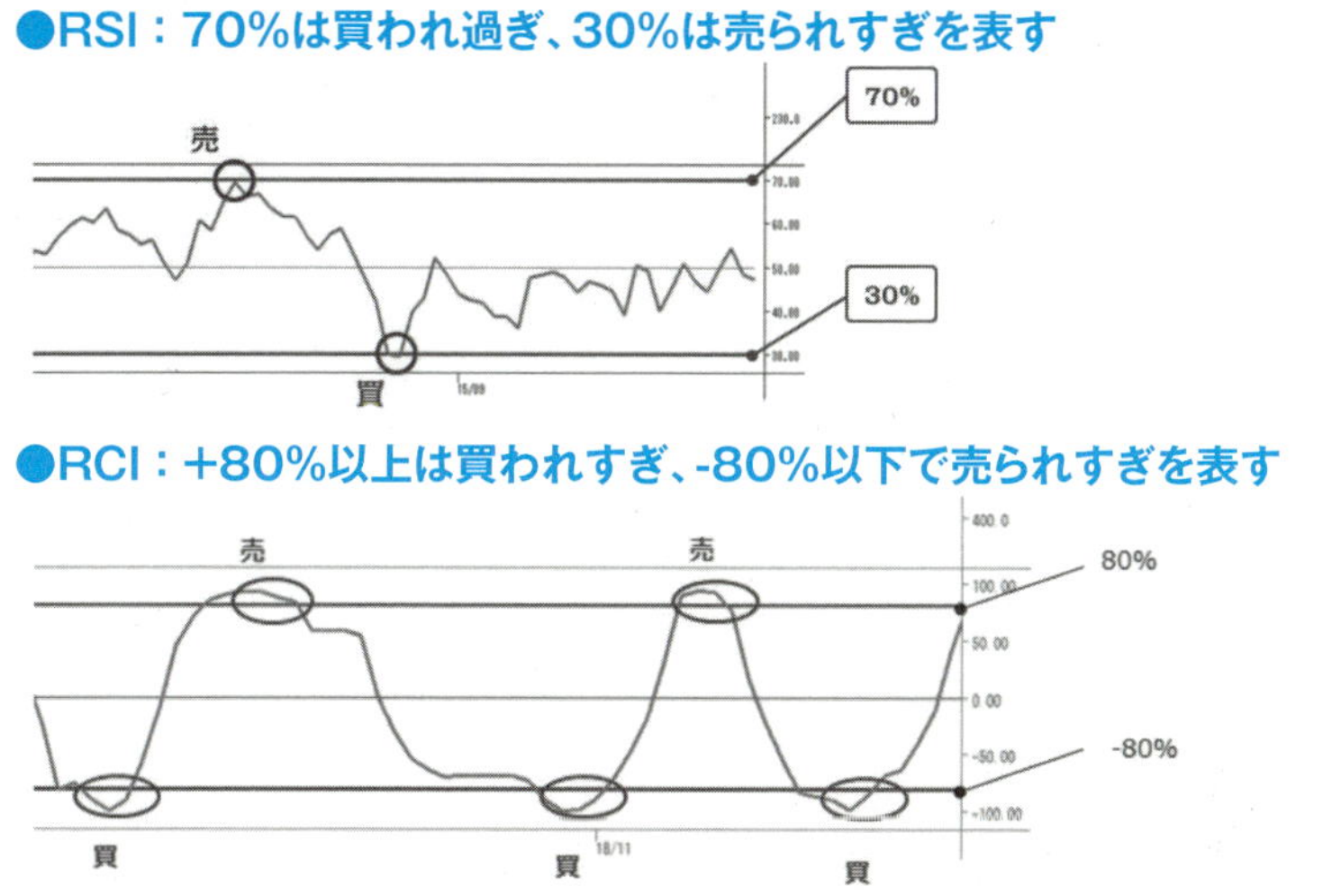

●RSI：70%は買われ過ぎ、30%は売られすぎを表す

■図7 『株探』のRSIとRCI表示の例

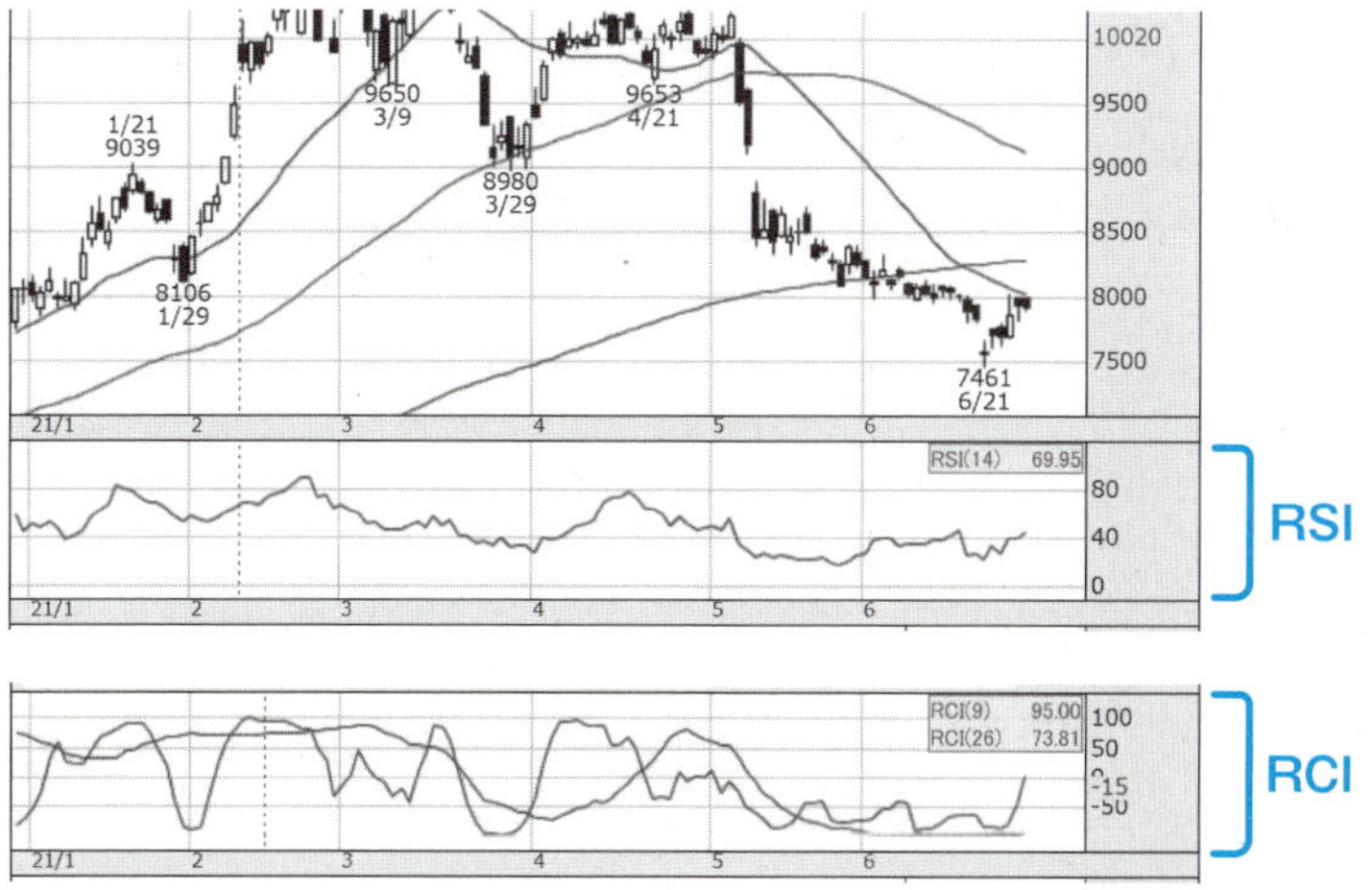

ソフトバンクグループ(9984)

【RCI　買いシグナル】

（1）短期線がマイナス100に接近した後に反転

（2）短期線がマイナス80以下の水準からマイナス80以上に浮上

（3）短期線と長期線のゴールデンクロス（短期線が長期線を下から上抜く）

【RCI　売りシグナル】

（1）短期線がプラス100に接近した後に反落

（2）短期線がプラス80以上の水準からプラス80以下に下落

（3）短期線と長期線のデッドクロス（短期線が長期線を上から下抜く）

テクニカル指標には一長一短がありますが、投資家も、自分の好みや、自分の投資手法に合うテクニカル指標を使い分けたり、異なる指標を組み合わせたりして対応しています。『株探』のチャートを活用しているコアな投資家は多く、常にさまざまな要望が『株探』編集部には寄せられています。

今後も「ポイント&フィギュア（P&F）」といった指標や、チャートも何円上下したかではなく何%上下したかを示す「対数チャート」の実装も検討しています。

株式分割・株式併合をチャート上で視覚化！

株式分割や株式併合が行われると、株価が大きく変動する可能性があります。実際は、そのニュースが出た時点で株価に影響があるのですが、株式分割・株式併合が実施された場合には、チャート上でそのローソク足の表示色を「紺色」→「青色」に変えることにより一目で確認できるようになりました。併せて、株式分割・株式併合の目印としてローソク足の下に青色で「▼」マークを表記し、そのマーク上にマウスオーバーすることで、株式分割・株式併合の比率をポップアップで表示することも可能になりました。

また、株価チャートの変更点として、週足、月足では高値、安値の日付を当日の日付で表記されるように改良しています。

週足ではこれまで高値、安値を付けた日付は週末営業日を用いて表記していましたが、これを高値・安値を付けた当日の日付で表記するように改良しています。

米国株ブームの期待に応えた米国株版

2021年6月22日にサービスを開始したのが、『株探』米国株版です。

今、米国株投資がブームです。日本証券業協会の調査によると、個人投資家の有価証券における米国株の割合が、2018年には3％程度だったものが、2020年には8．8％に上がり、今後も急速に比率が上がっていくことが予想されています。

コロナ禍でも、米国経済は力強さを回復し、GAFAM（グーグル、アマゾン、フェイスブック、アップル、マイクロソフトの5社の頭文字を取った略称）に代表される著しい企業の成長性からも、投資の対象が日本から米国へと向かうのもうなずけます。こうしたニーズに合わせ、『株探』では「米国株版」をリリースしました。

日本株と同様に無料で閲覧できるコンテンツに加え、有料のプレミアムサービス「米国株プラン」では、これまで培ったノウハウを投入、『株探』独自のAI技術なども駆使し、速報性、網羅性、正確性に優れた密度の高いコンテンツをそろえています。

インターフェースは日本株と同じですので、『株探』の「日本株版」を使い慣れているユーザーにとっては、スムーズに情報にアクセスできることと思います。

では、米国株版の主な特徴を見てみましょう。

（1）会社開示情報を日本語に翻訳して提供

『株探』の特徴の一つが各企業の情報開示がタイムリーに発信されることですが、米国株版でも米国の企業が米国の規制当局に提出が義務づけられている書類を会社開示情報として閲覧で

■図8 『株探・米国株版』の会社開示情報

きます（図8）。

有料サービスの米国株プランでは全文を表示、無料サービスは一部が表示されますが、当面、S&P500の構成銘柄のみを対象とし、日本語に自動翻訳して配信しています。

配信のタイムラグも2～3分程度、早ければ数秒で表示されます。ほとんどタイムラグはないと言ってもよいでしょう。日本で、米国企業の開示情報の一次情報を入手するのはなかなか難しいですが、『株探・米国株版』なら簡単に入手することができます。

開示情報の種類には「年次報告」「四半期報告」「決算」「破産」「上場廃止」「総会結果」「重要契約」などがあります。【会社開示情報】のページから一覧を見ることもできますし、各企業のニュースページからも見ることができます。

（2）圧倒的な企業業績・財務情報！

ファンダメンタルズ分析で企業業績や財務情報の推移は大変重要ですが、「米国株版」においても日本株版同様、この部分は充実しています。例えば、通期の業績推移では、「成長性」や「収益性」をしっかりチェックできます（図9）。企業業績・財務情報の期間は次の通りです。

・通期業績　6期以上（5期）
・四半期業績　9期以上（8期）
・通期キャッシュフロー　4期以上（3期）
・四半期キャッシュフロー　9期以上（8期）
・財務情報　4期以上（3期）
※プレミアム会員向け、（　）内は無料会員向け

（3）株価チャートは最大1968年からの長期表示に対応

株価チャートも日足、週足、月足、年足の各期間で対応し、各種テクニカル指標が実装されています。最近日本株版で追加された機能、移動平均線を自由に設定できる機能や「RSI」「RCI」も実装されています。

年足では最大1968年からの長期表示が可能です。例えば、今、毎日その名前を聞かない日がない製薬会社のファイザーも1968年から株価の推移を見ることができます。その他、

■図9 「米国株版」でも充実の業績欄

NASDAQ NYダウ S&P500 株価15分ディレイ

AAPL アップル

$136.33 前日比 +1.55 (+1.15%) NY時間 16:00 日本時間 05:00

$136.38 +0.05 (+0.04%) 16:11 05:11

PER 41.6倍 PBR 35.5倍 利回り 0.59%

比較される銘柄 MSFT GOOG AMZN FB NFLX GOOGL NVDA

基本情報 チャート 時系列 ニュース 決算

今期の業績推移

通期 業績推移 成長性 収益性 1Q 2Q 3Q 4Q

決算期	売上高	営業益	経常益	最終益	修正1株益	1株配	発表日
▽2014年9月期～2015年9月期を表示							
2014.09	182,795	52,503	53,483	39,510	6.45	—	2014-10-27
2015.09	233,715	71,230	72,515	53,394	9.22	—	2015-10-28
2016.09	215,639	60,024	61,372	45,687	8.31	—	2016-10-26
2017.09	229,234	61,344	64,089	48,351	9.21		2017-11-03
2018.09	265,595	70,898	72,903	59,531	11.91	—	2018-11-05

■図10 Appleの株価チャート（日足・全期間選択）

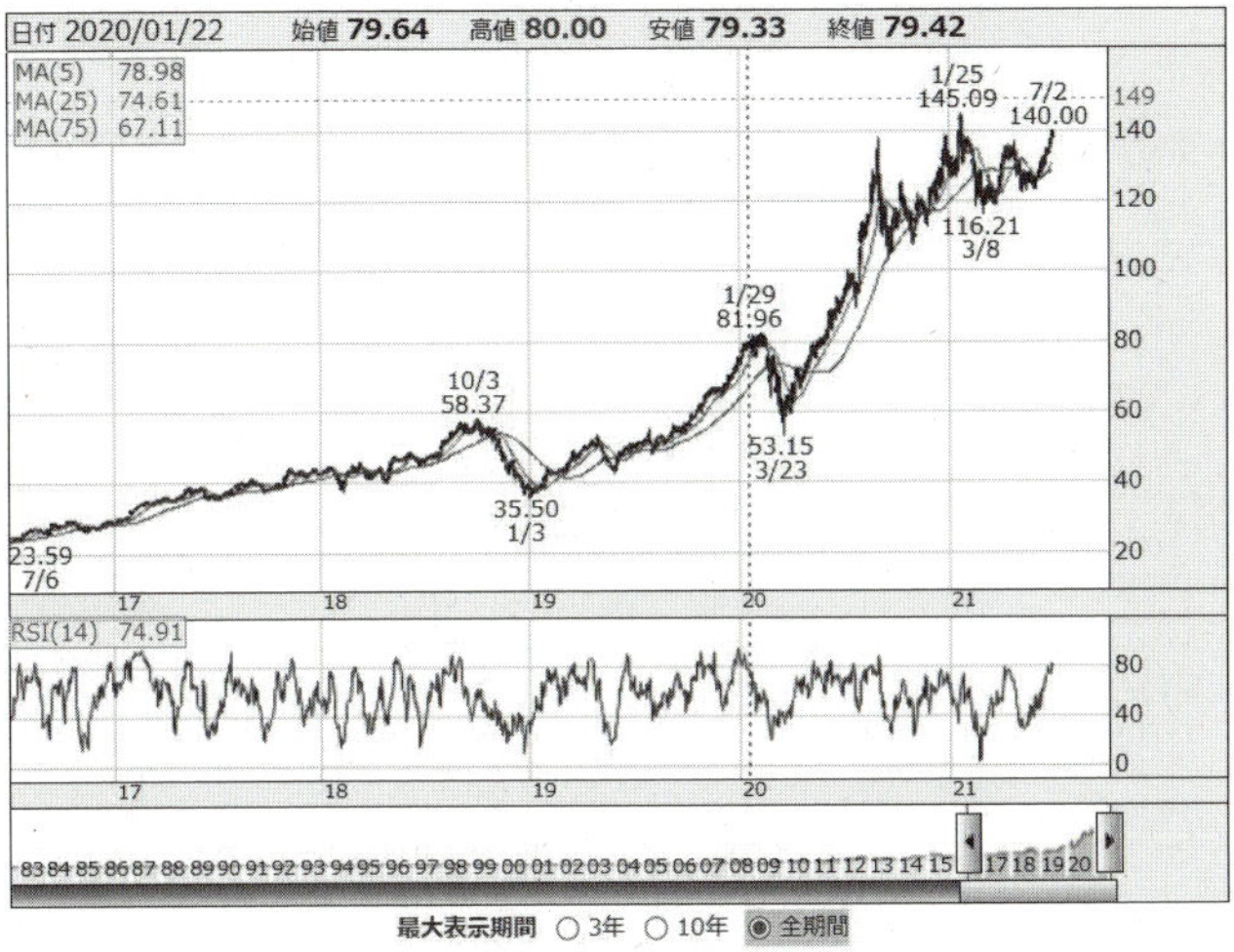

スティーブ・ジョブズ氏が1976年に創業したアップルも、株式公開を行った1980年からの株価の推移も見ることができますので（図10）、上場時に株を買っていたらどうなっていたか、長期投資の効果をシミュレーションすることもできます。

（4）米国株テーマと関連銘柄の一覧を提供

日本株版でも人気の【テーマ】ですが、米国株も株式テーマごとに関連銘柄の一覧を見ることができます（図11）。

日本とはまた違ったテーマが市場で人気化していることもあるので、日本と見比べてみるなどの銘柄分析ができます。

『株探・米国株版』はまだ、リリースされたばかりです。これからも各種機能の追加、独自コラムなどは常にバージョンアップしていきます。

ファンダメンタルズは業績の「進捗率」で有望株を発掘！

ここからは、まだ『株探』の機能を使いこなせていないという方のために、編集部がお勧めする「裏技」的な『株探』の使い方をいくつかご紹介します。

まず、銘柄選びで重要となる業績判断では、会社の経営計画に対して、どこまで達成してい

■図11 話題の「テーマ」で絞り込む(米国株版)

米国株トップ | 市場ニュース | 株価注意報 | 会社開示情報 | 銘柄探検 | テーマ

株探検 米国株のティッカー、企業名など 検索

①「テーマ」タブをクリック

テーマ

1 2 3 4 5 … 次へ>　　件数 15 30 50

ディフェンシブ
「ディフェンシブ銘柄」は、景気変動の影響を受けにくく常に一定の需要が見込め、安定した業績が…

医療機器
米国は医療機器の世界最大のマーケットであり、その機器は世界最先端を誇り、多くの企業がグロー…

ジェネリック医薬品
ジェネリック医薬品とは、先に開発・販売された「先発医薬品(新薬)」に対し、特許が切れたあとで…

ドローン
無人飛行機「ドローン」の市場は今後、急速な拡大が見込まれている。米国は世界に先駆けて商用ド…

スポーツ
米国のスポーツ関連市場は5 兆円規模と言われ、世界一の市場規模を誇る。健康志向の高まりでス…

ウインタースポーツ
スキーやスノーボード、スケートなど、雪や氷を利用して冬季に行われるスポーツ。このほか、アイ…

②「医療機器」のテーマをクリックすると、関連銘柄の一覧が見られる

2021年06月29日 10:45現在 174銘柄

ティッカー △ ▽	銘柄名 ■英語 ✓省略	株価 △ ▽	前日比 △ ▽		出来高 △ ▽	PER △ ▽	利回り △ ▽
ABMD	アビオメッド	312.44	+0.90	+0.29%	239,067	63.3	—
ABT	アボット・ラボラト…	115.70	+2.98	+2.64%	9,567,288	46.3	—
AEMD	エスロン・メディカ…	5.17	+0.05	+0.98%	957,819	—	—
AFIB	アキュタス・メディ…	17.11	-0.55	-3.11%	67,561	—	—
AHCO	アダプトヘルス	28.39	-1.51	-5.05%	742,575	—	—
ALBO	アルビレオ・ファー…	35.68	-1.19	-3.23%	195,176	—	—
ALC	アルコン	70.16	-0.42	-0.60%	582,408	—	—
ALGN	アライン・テクノロ…	621.52	+6.54	+1.06%	574,917	27.7	—
AME	アメテック	133.23	-0.42	-0.31%	1,307,942	35.3	—
ANGO	アンジオダイナミク…	27.44	-0.46	-1.65%	189,399	—	—
APEN	アポロ・エンドサー…	8.25	-0.30	-3.51%	81,189	—	—
APT	アルファ・プロ・テ…	8.71	+0.33	+3.94%	415,846	4.49	—
APYX	アピックス・メディ…	10.63	+0.21	+2.02%	51,224	—	—

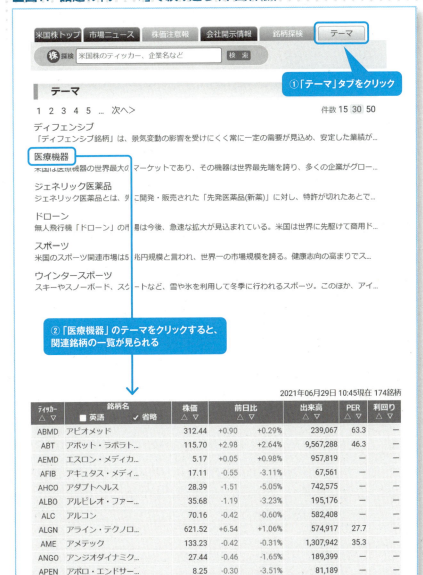

るのかを示す「進捗率」で判断するのも一つの方法です。

経営計画に対して進捗率が大きいほど業績が急激に伸びていることを示し、将来の有望銘柄の一つと判断できます。なぜなら、進捗率が高ければ、中間期や通期の業績が会社の予想業績を超えることが考えられ、企業は業績の上方修正を発表する可能性が高いと予想されるからです。そして株価は、上方修正の発表された時点から上昇していくケースがほとんどです。

その進捗率をランキング形式で一覧にしたのが、【銘柄探検】の「業績上方修正が有望銘柄」です。業績は四半期ごとに発表されますので、そのタイミングでランキングにしています。

例えば日本企業の多くは3月が決算期になりますが、その場合、6月に終わる第1四半期の業績の発表はおおよそ7月半ばから8月半ばになります。その発表を基に、9月の中間期、または通期で業績上振れの可能性がある企業を探します。

同様に第2四半期は11月半ば、第3四半期は2月半ばのタイミングで上方修正の可能性がある有望株を探します。

【第1四半期】時点　中間期上振れ有望銘柄（図12）

経常利益の中間期計画に対する進捗率ランキングです。直近に発表された第1四半期決算で、経常利益が会社側の中間期計画に対してどこまで進んだかを示す「対中間期進捗率」に注目しています。対中間期進捗率が高いほど、中間期計画が上方修正される可能性が高くなります。

■図12 「進捗率」上位企業を探す

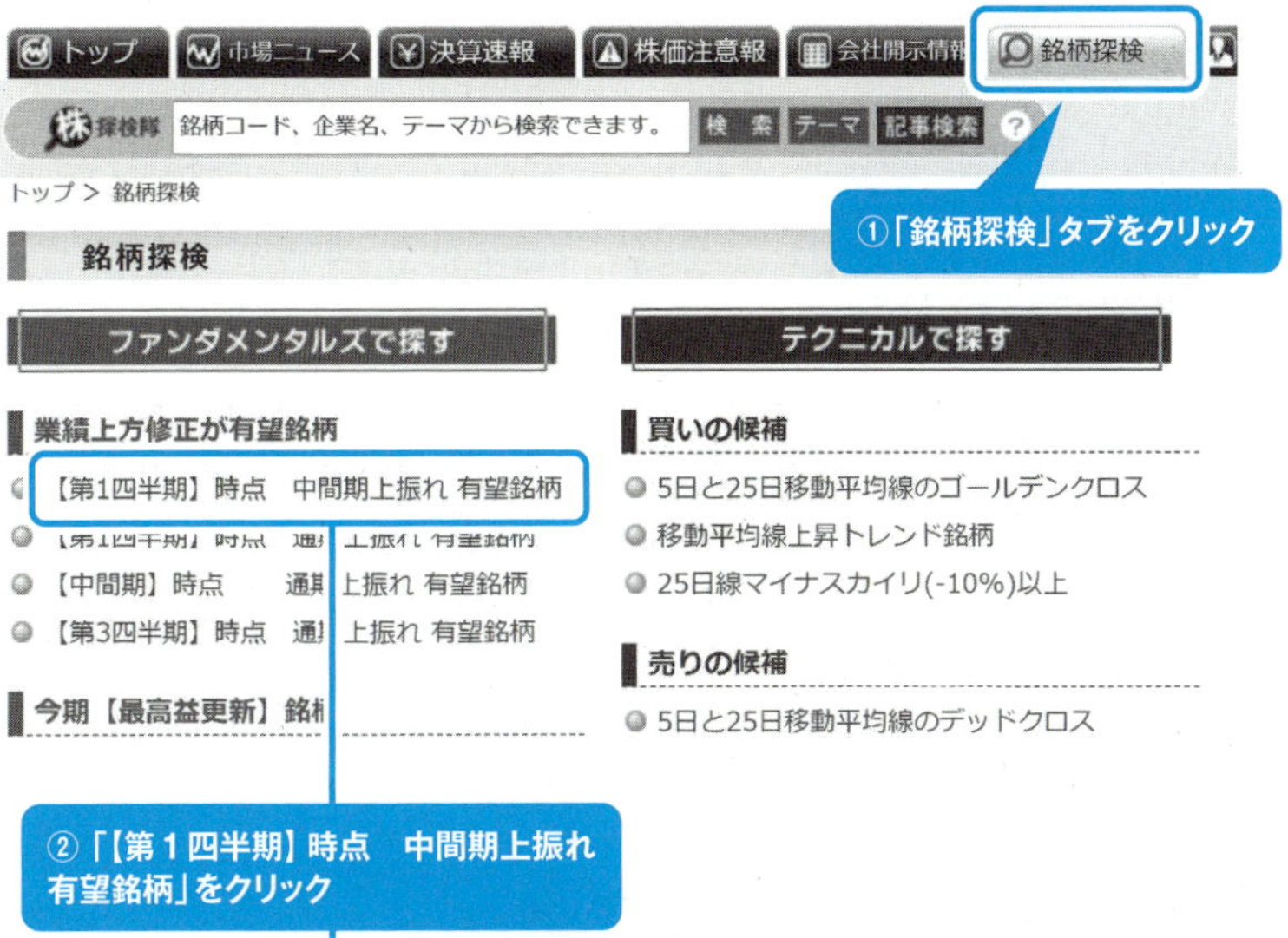

③対中間期進捗率上位企業の一覧が出てくる

（2021年6月28日18時までの決算発表分）

コード	銘柄名	市場		株価	対中間期進捗率	5年平均進捗率	決算期間	PER	PBR	利回り
3776	BBタワー	JQ		234	1,175	68.5	21. 1-21. 3	—	1.63	0.85
9743	丹青社	東1		877	782	70.7	21. 2-21. 4	29.7	1.44	2.96
9260	ウィズメタク	東1		2,708	259	52.2	21. 1-21. 3	38.9	0.72	0.74
3277	サンセイラン	東1		871	235	25.6	21. 1-21. 3	14.2	0.71	2.87
2406	アルテHD	JQ		529	234	32.3	21. 1-21. 3	24.9	1.94	0.95
2211	不二家	東1		2,160	234	125.0	21. 1-21. 3	42.8	1.14	0.69
1897	金下建	東2		3,695	225	87.5	21. 1-21. 3	79.7	0.46	1.35
9636	きんえい	東2		3,160	220	50.0	21. 2-21. 4	146	4.09	0.32
2217	モロゾフ	東1		5,400	217	94.4	21. 2-21. 4	38.0	1.13	1.11
5851	リョービ	東1		1,566	208	75.4	21. 1-21. 3	11.8	0.41	2.23
4420	イーソル	東1		1,098	196	54.6	21. 1-21. 3	57.8	3.74	0.50
3671	ソフトMAX	東M		1,300	185	93.6	21. 1-21. 3	23.0	3.24	0.92
8842	楽天地	東1		4,245	159	45.0	21. 2-21. 4	169	0.83	1.41
6376	日機装	東1		1,134	146	31.3	21. 1-21. 3	11.9	0.87	1.76
2429	ワールドHD	東1		2,985	142	44.4	21. 1-21. 3	11.4	1.85	2.64

さらに、季節により収益に偏りがある飲料メーカーなどの上方修正の可能性を探れるように、対中間期進捗率の過去5年平均を併記。対中間期進捗率が高く、その進捗率が5年平均より高ければ、上方修正の可能性がさらに高いことを示しています。

ランキングは、【時価総額≧50億円 ＆ 対中間期進捗率≧65％ ＆ 直近進捗率≧5年平均進捗率】の条件で対象銘柄を絞り込み、［対中間期進捗率の高い順］→［5年平均進捗率の低い順］に記しています。

【第1四半期】時点　通期上振れ 有望銘柄

中間期計画ではなく、通期計画に対する第1四半期の経常利益の進捗率ランキングです。ランキングの仕方はほぼ中間期と同じです。

【時価総額≧50億円＆対通期進捗率≧35％＆直近進捗率≧5年平均進捗率】

【中間期】時点　通期上振れ 有望銘柄

中間期決算（第2四半期累計）の通期計画に対する経常利益の進捗率ランキングです。3月決算の場合、10月～11月に中間期決算が発表されます。

【時価総額≧50億円 ＆ 対通期進捗率≧70％ ＆ 直近進捗率≧5年平均進捗率】

【第3四半期】時点　通期上振れ 有望銘柄

第3四半期累計決算の通期計画に対する経常利益の進捗率ランキングです。3月決算の場合、1月～2月に第3四半期決算が発表されます。

【時価総額≧100億円 & 対通期進捗率≧80% & 直近進捗率≧5年平均進捗率】

【明日の好悪材料】で翌日の株価が大きく動く!?

3日間のアクセスを集計した「人気ニュース」で必ず、ランキングに入っているのが【明日の好悪材料】です（図13）。

これは、日本株市場の取引が終了した15時以降に発表された企業の決算や株式分割、M&A、自社株買いなどの開示情報と一部プレスリリースの中から、株価に影響を及ぼしそうなものをリストアップし、好材料、悪材料にまとめた記事です。

ここに何らかの発表があった銘柄は、翌日、株価が大きく変動する可能性がありますので、多くの投資家は、【明日の好悪材料】をチェックし、投資判断にしています。

また、好材料か、悪材料か判断に迷うような材料もあります。それを予測する一つの方法に、PTS（夜間取引）で値動きをチェックするという方法があります。

PTSは証券取引所を介さず株式を売買できる私設取引システムのことで、いくつかの証券

■図13「明日の好悪材料」で株価の動きを先取る

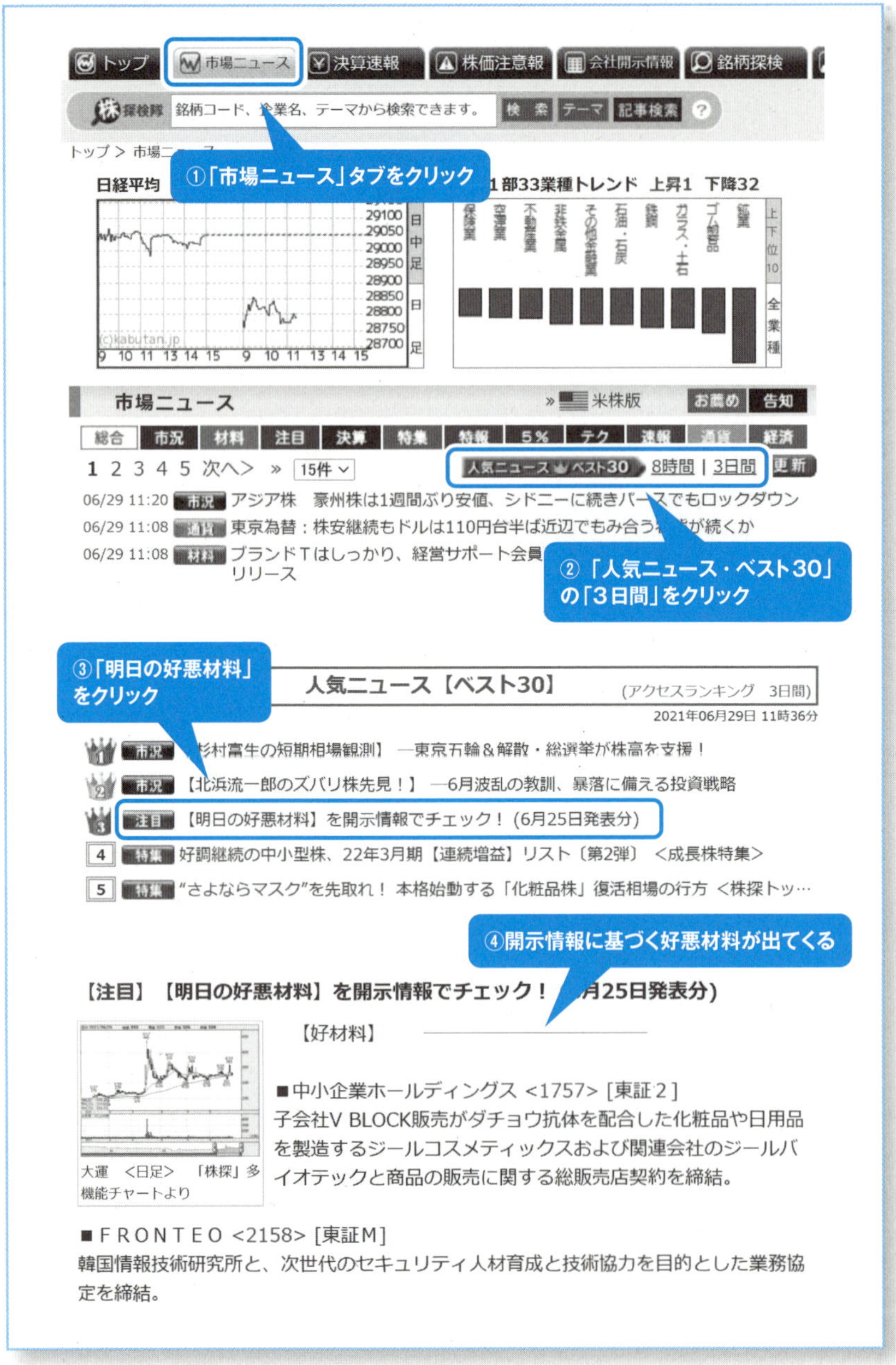

■図14 お気に入り登録銘柄には「NEW」の表示

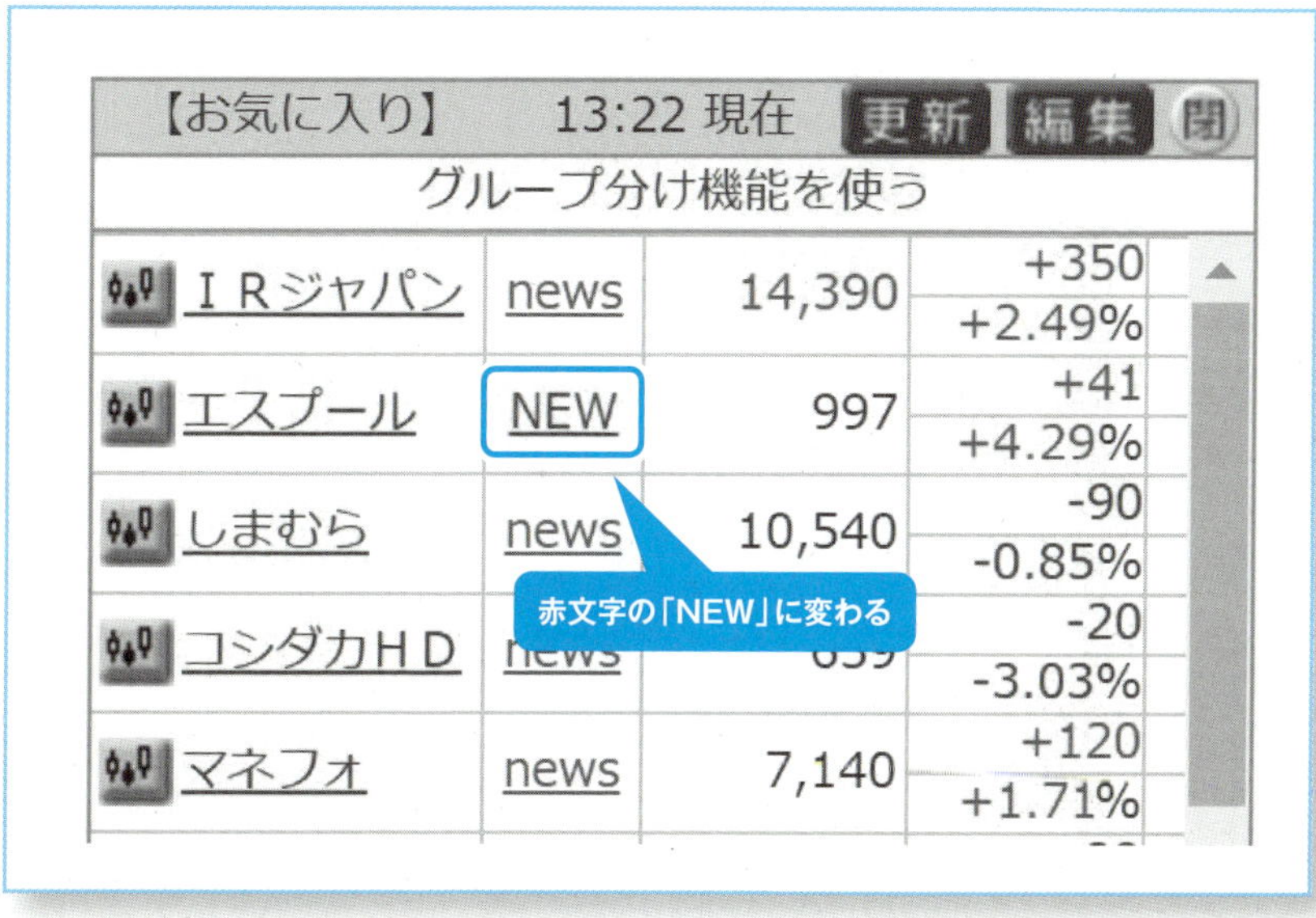

【お気に入り】 13:22 現在			
グループ分け機能を使う			
ＩＲジャパン	news	14,390	+350 +2.49%
エスプール	NEW	997	+41 +4.29%
しまむら	news	10,540	-90 -0.85%
コシダカＨＤ	news	659	-20 -3.03%
マネフォ	news	7,140	+120 +1.71%

会社で取引ができ、夜中の12時頃まで取引ができます。

好材料かどうか判断が難しい場合は、ＰＴＳの値動きをチェックすれば、市場の反応が判断できます。

もちろん、日経平均が暴落した日などは、前日に好材料が発表されても、株価は上昇しないケースがほとんどです。そういうときは、２、３日たって相場が落ち着いたときに上昇するケースが多いので２、３日分の【明日の好悪材料】をチェックするのがお勧めです。

また、自分が注目している銘柄は、【お気に入り】に登録しておけば、その日【明日の好悪材料】にニュースがあったとき、「ｎｅｗｓ」の文字が赤文字の「ＮＥＷ」に変わりますので、すぐにチェックができます（図14）。これも便利な機能です。

■図15　人気テーマが一目でわかる「株探トップ特集」

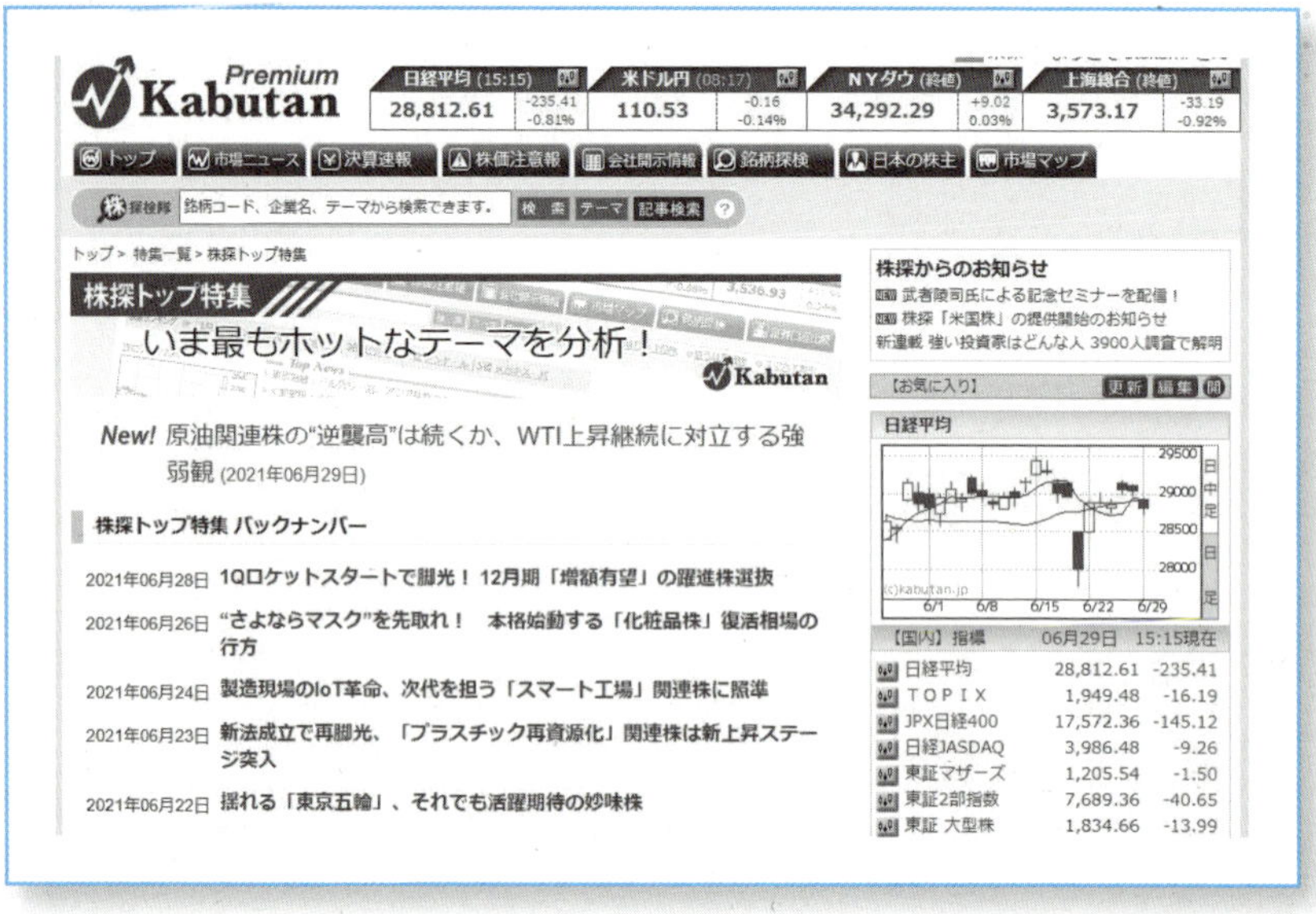

『株探』記者による特集記事

毎日17時台に配信している【明日の株式相場に向けて】（週末の場合は【来週の株式相場に向けて】）は、『株探』のすご腕記者が相場を分析し、今後の相場の方向感や注目テーマの動き、明日発表される注目の指標について、解説したものです。かなりの読み応えがあり、これを毎日読むだけで、かなりの相場通になります。もちろん銘柄選びの際にも、相場を俯瞰することにより、銘柄を客観的に判断できます。

このほか、今もっともホットなテーマを分析した【株探トップ特集】（月～木、土の19時30分に配信）も、『株探』記者が取材をし、人気のテーマや、これからブームになりそうなテーマとその関連銘柄を分析しています（図15）。

■図16 編集部お勧めの特集、コラムにも注目

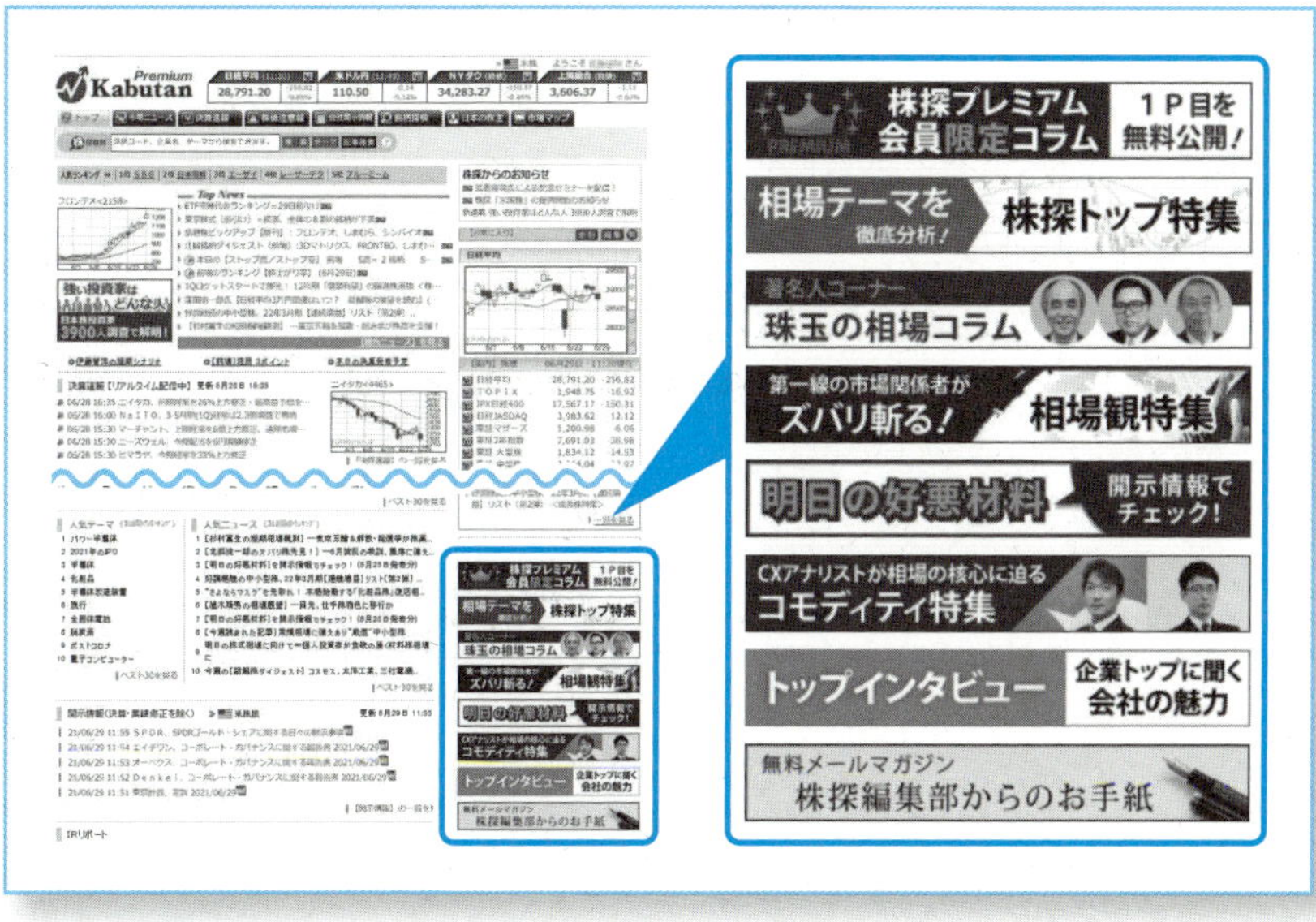

例えば6月26日の記事では、ポスト・コロナを見据えて「〝さよならマスク〟を先取れ！本格始動する『化粧品株』復活相場の行方」とし、米国では口紅の売上が8割増えていることなどを引き合いに、国内の化粧品銘柄の業績を分析しています。

また、6月28日には、「1Qロケットスタートで脚光！12月期『増額有望』の躍進株選抜」というテーマで、第1四半期に絶好のスタートを切った12月期決算企業の中から、第1四半期経常利益の通期計画に対する進捗率が高水準で、業績上方修正が期待できる銘柄を紹介、分析しています。このように、【株探トップ特集】には、テーマを先取りする上で参考になる厳選記事が凝縮されています。

こうした特集やコラムも、ぜひ銘柄発掘の参考にしていただきたいと思います（図16）。

『株探』新機能に米国株版も登場！国内外の株式投資情報をゲット

『株探』のベーシック機能

豊富な情報量と充実した機能で多くの投資家に愛好されている『株探』。2021年6月からは新たに米国株版もリリースされ、国内のみならず海外の株式投資で必要となる詳細な情報も入手できるようになりました。

もっとも、機能が充実しているぶん、逆に投資初心者の方などは、「どこから見ていいかわからない」というような戸惑いもあるかと思います。

そこで、ここでは『株探』の機能を説明し、後段で「億り人」の投資家の方々からその活用術を伝授してもらうことにします。

まず、『株探』サイトの上段にある「グローバルナビ」から解説します（図17）。これは基本的に、『株探』のどのページにも表示されます。グローバルナビは、画面左から「トップ」「市場ニュース」「決算速報」「株価注意報」「会社開示情報」「銘柄探検」「日本の株主」「市場

■図17 「株探」トップ画面

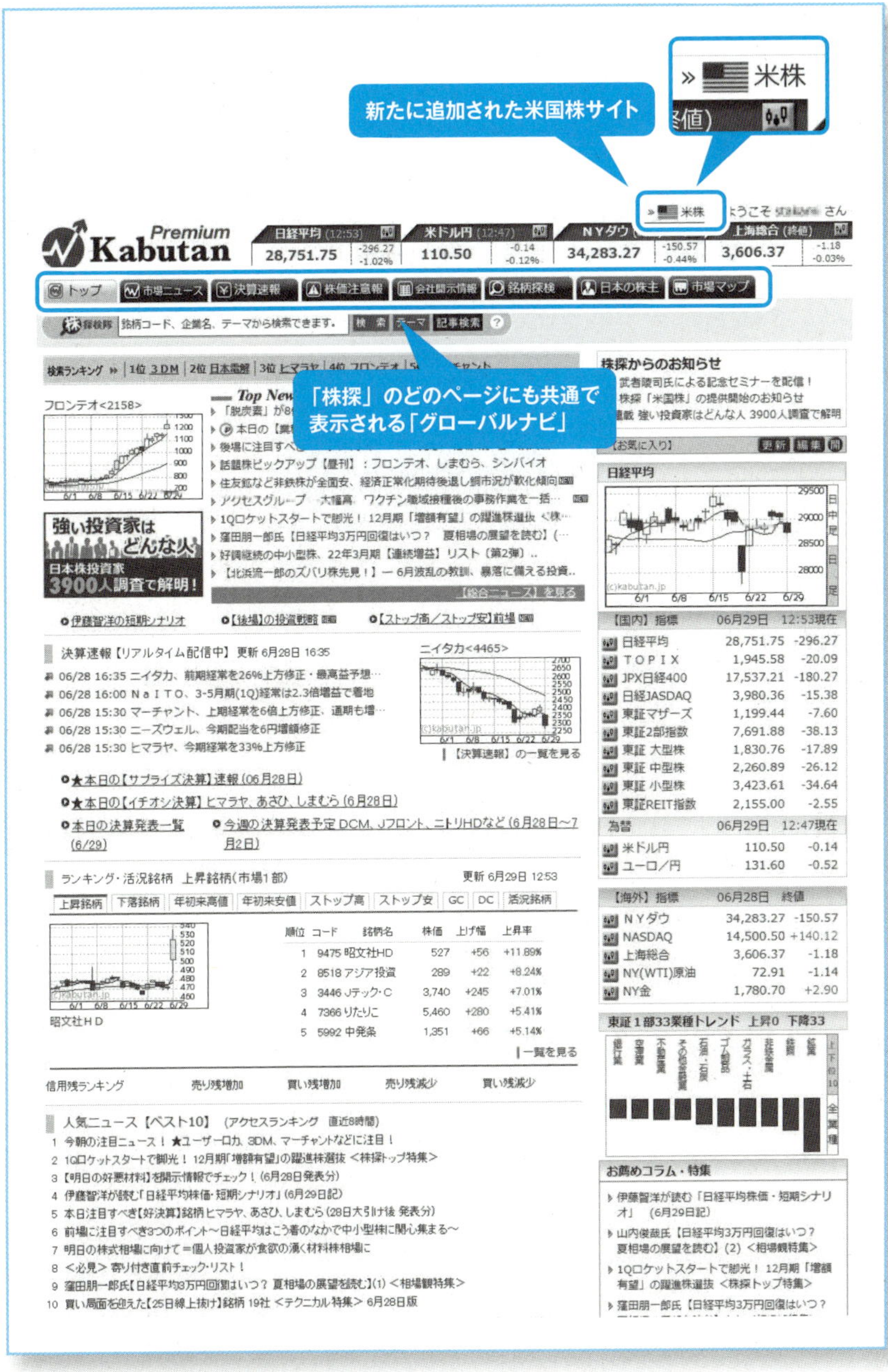
新たに追加された米国株サイト
» 米株
「株探」のどのページにも共通で表示される「グローバルナビ」
Premium Kabutan
日経平均 28,751.75 -296.27 -1.02%
米ドル円 110.50 -0.14 -0.12%
NYダウ 34,283.27 -150.57 -0.44%
上海総合（終値） 3,606.37 -1.18 -0.03%
トップ 市場ニュース 決算速報 株価注意報 会社開示情報 銘柄探検 日本の株主 市場マップ
株探からのお知らせ
強い投資家は どんな人 日本株投資家 3900人調査で解明！
決算速報【リアルタイム配信中】
ランキング・活況銘柄 上昇銘柄（市場1部）
人気ニュース【ベスト10】
【国内】指標 06月29日 12:53現在
日経平均 28,751.75 -296.27
TOPIX 1,945.58 -20.09
JPX日経400 17,537.21 -180.27
日経JASDAQ 3,980.36 -15.38
東証マザーズ 1,199.44 -7.60
東証2部指数 7,691.88 -38.13
東証 大型株 1,830.76 -17.89
東証 中型株 2,260.89 -26.12
東証 小型株 3,423.61 -34.64
東証REIT指数 2,155.00 -2.55
為替 06月29日 12:47現在
米ドル円 110.50 -0.14
ユーロ/円 131.60 -0.52
【海外】指標 06月28日 終値
NYダウ 34,283.27 -150.57
NASDAQ 14,500.50 +140.12
上海総合 3,606.37 -1.18
NY(WTI)原油 72.91 -1.14
NY金 1,780.70 +2.90
東証1部33業種トレンド 上昇0 下降33
お薦めコラム・特集

マップ」の順に並んでいます。これらを順に説明します。

●市場ニュース（図18）

ここでは国内外の株式市況、話題・注目銘柄の関連・材料ニュースを配信しています。

ここには「市況」「材料」「注目」「決算」「特集」「特報」「５％」「テク」「速報」「通貨」「経済」という11のタブ、そしてそれらをまとめて見られる「総合」というタブが用意されています。以下、ざっと次のような内容です。

「市況」国内外の株式市況
「材料」株価が変動する要因となる材料ニュース
「注目」話題・注目銘柄の関連・材料ニュース
「決算」決算情報（「決算速報」から時価総額や決算内容により選択し配信）
「特集」今、もっともホットなテーマの分析記事や、著名人、投資家コラムなど
「特報」【話題株先読み】、寄前【板情報】、寄前【成行情報】などスピード感のあるニュース（プレミアム会員20分先行記事）
「５％」株価に影響を及ぼしやすい大量保有（５％ルール）の情報
「テク」本日の【ゴールデンクロス／デッドクロス】などのテクニカル情報（プレミアム会員

■図18 「市場ニュース」で注目ニュースをピックアップ!

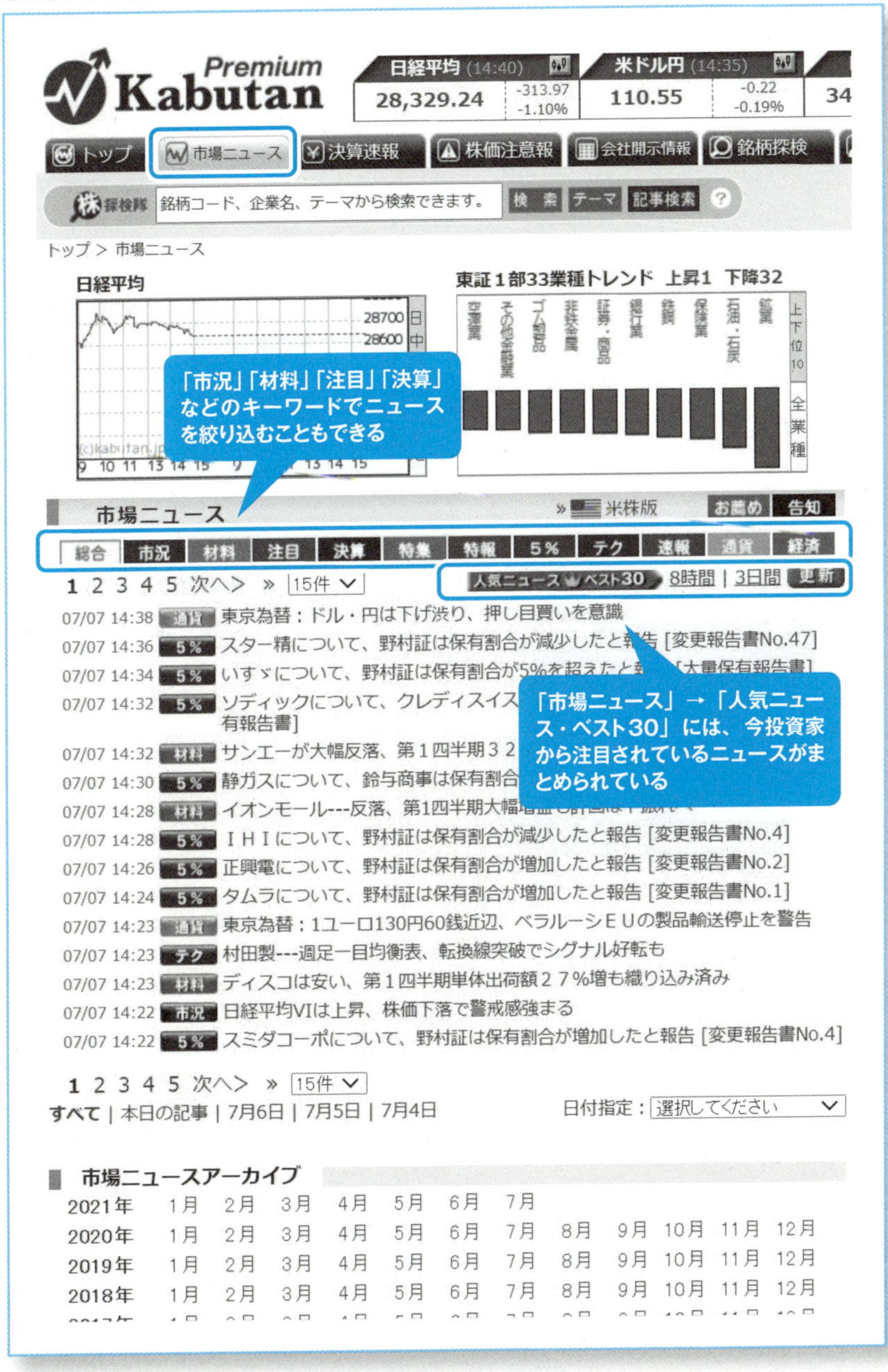

20分先行記事）
「速報」株価にインパクトがある「適時開示」などの速報
「通貨」為替関連のニュース
「経済」厳選された経済ニュース

この中で、例えば31ページで紹介した『株探』編集部お勧めの「明日の好悪材料を開示情報でチェック」という記事などは、「注目」のタブをクリックすることで見ることもできます。

また、ニュースは人気順にランキングされていて、「人気ニュース・ベスト30」という赤いタブをクリックすると、投資家から注目されているニュースを上位から順番に見ることができます。さらにこのランキングは、「直近8時間」と「3日間」に編集されていて、直近のニュース（直近8時間）と、少し長いスパンのニュース（3日間）を分けて閲覧できます。

さらに過去のニュースを見たい人は、市場ニュースページの下部にある「市場ニュースアーカイブ」から、数年前にさかのぼってニュースを見ることもできます。

●決算速報（図19）

ここでは企業の決算発表や業績修正の開示を紹介すると同時に、業界最速といわれる株探独自のAIエンジンが、それらの決算を分析記事にしてリアルタイムで配信しています。

■図19 業界最速と言われる「決算速報」

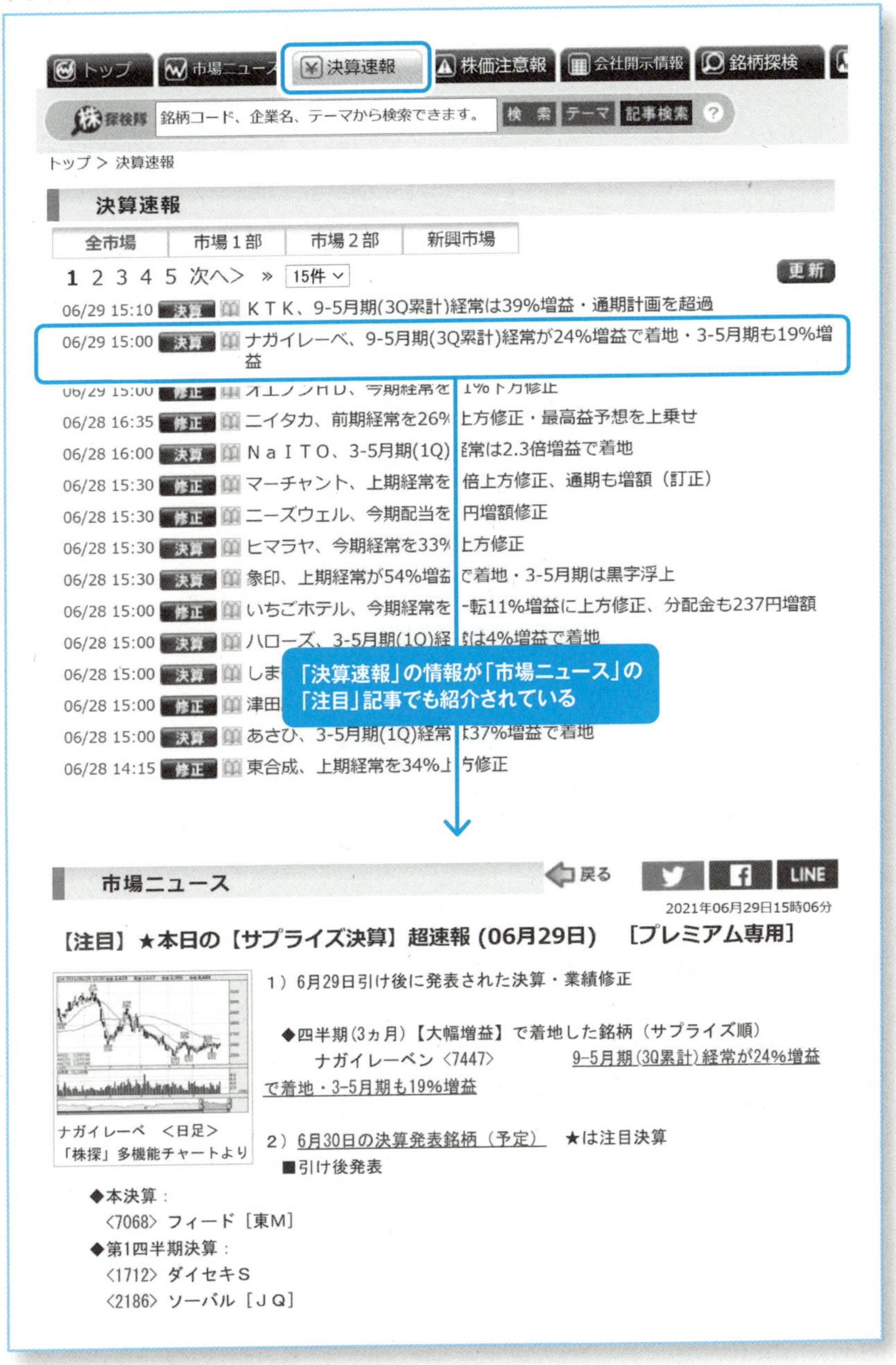

また、決算速報は個別銘柄の「ニュース欄」から見ることもできます。「グローバルナビ」の決算速報は1カ月分、個別銘柄の決算速報は過去2年分を掲載しています。

このほかにも決算情報を入手するルートはいくつかあります。例えば次に紹介する「市場ニュース」にも「決算」というタブがあって、決算の一覧を見ることができます。これは発表のあった日付で絞り込むこともできます。

また、「市場ニュース」の「注目」というタブをクリックすると、文字通り注目情報が掲載されていますが、この中でほぼ毎日「★本日の【サプライズ決算】速報」が掲載されています。これは「今期【最高益】を予想する銘柄」「今期【大幅増益】を予想する銘柄」「今期【黒字浮上】を予想する銘柄」などが、文字通り「サプライズ」順に掲載されるものです。例えば、「決算速報」で増益の発表が紹介されていたナガイレーベン（7447）は、同じタイミングで「サプライズ決算」にも紹介されています。

●株価注意報（図20）

ここには株価が大きく動いた銘柄や、その要因となるニュース、決算などが一覧で掲載されています。例えば「本日の動向」の中には「本日の活況銘柄」「本日の株価上昇率（下落率）ランキング」「本日のストップ高（安）銘柄」「本日、年初来高値（安値）を更新した銘柄」「日経平均の寄与度ランキング」「東証一部【業種別】騰落ランキング」というメニューが一覧

■図20 株価注意報で動意株を探す

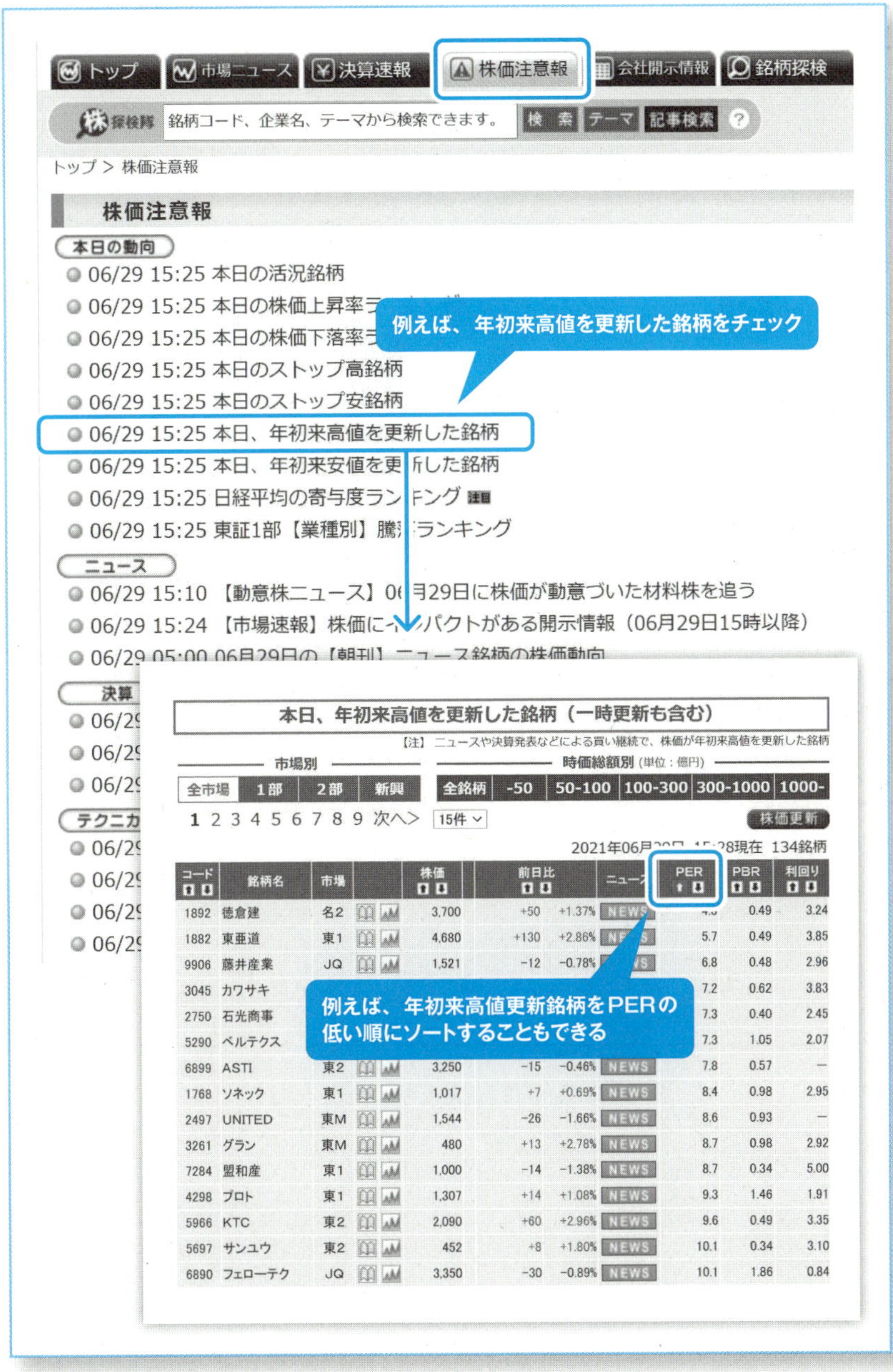

コード	銘柄名	市場	株価	前日比		ニュース	PER	PBR	利回り
1892	徳倉建	名2	3,700	+50	+1.37%	NEWS		0.49	3.24
1882	東亜道	東1	4,680	+130	+2.86%	NEWS	5.7	0.49	3.85
9906	藤井産業	JQ	1,521	−12	−0.78%	NEWS	6.8	0.48	2.96
3045	カワサキ						7.2	0.62	3.83
2750	石光商事						7.3	0.40	2.45
5290	ベルテクス						7.3	1.05	2.07
6899	ASTI	東2	3,250	−15	−0.46%	NEWS	7.8	0.57	—
1768	ソネック	東1	1,017	+7	+0.69%	NEWS	8.4	0.98	2.95
2497	UNITED	東M	1,544	−26	−1.66%	NEWS	8.6	0.93	—
3261	グラン	東M	480	+13	+2.78%	NEWS	8.7	0.98	2.92
7284	盟和産	東1	1,000	−14	−1.38%	NEWS	8.7	0.34	5.00
4298	プロト	東1	1,307	+14	+1.08%	NEWS	9.3	1.46	1.91
5966	KTC	東2	2,090	+60	+2.96%	NEWS	9.6	0.49	3.35
5697	サンユウ	東2	452	+8	+1.80%	NEWS	10.1	0.34	3.10
6890	フェローテク	JQ	3,350	−30	−0.89%	NEWS	10.1	1.86	0.84

で表示されています。

また、「ニュース」のところでは「動意株ニュース」や「市場速報」「朝刊ニュース銘柄」、「決算」のところでは、決算発表予定や、取引時間中、もしくは取引終了後に決算発表・業績予想を修正した銘柄などの情報を掲載。「テクニカル」のところでは「本日のゴールデンクロス（デッドクロス）銘柄（5日と25日移動平均線）」や、「本日、株価が25日移動平均線を上（下）抜いた銘柄」を紹介しています。

さらに一番下には、「信用売り（買い）残の増加（減少）ランキング」など、信用取引の需給に関するランキングが載っています。

●会社開示情報（図21）

企業の開示する情報が、開示日時の新しい順に時系列で掲載されます。「決算」「自社株取得」「エクイティ」「追加・訂正」「その他」そして、それらを統合した「総合」に分かれています。

「決算」では、決算短信や業績予想の修正など、「エクイティ」では第三者割当増資の情報など、「その他」には、株主総会の招集通知などが掲載されています。ほかはタイトル通り「自社株取得」、決算発表などの「追加・訂正」に関する情報です。

すでにお気づきの方もいるかもしれませんが、この「会社開示情報」のページからは「米国

■図21 会社開示情報で業績修正や短信をまとめて見る

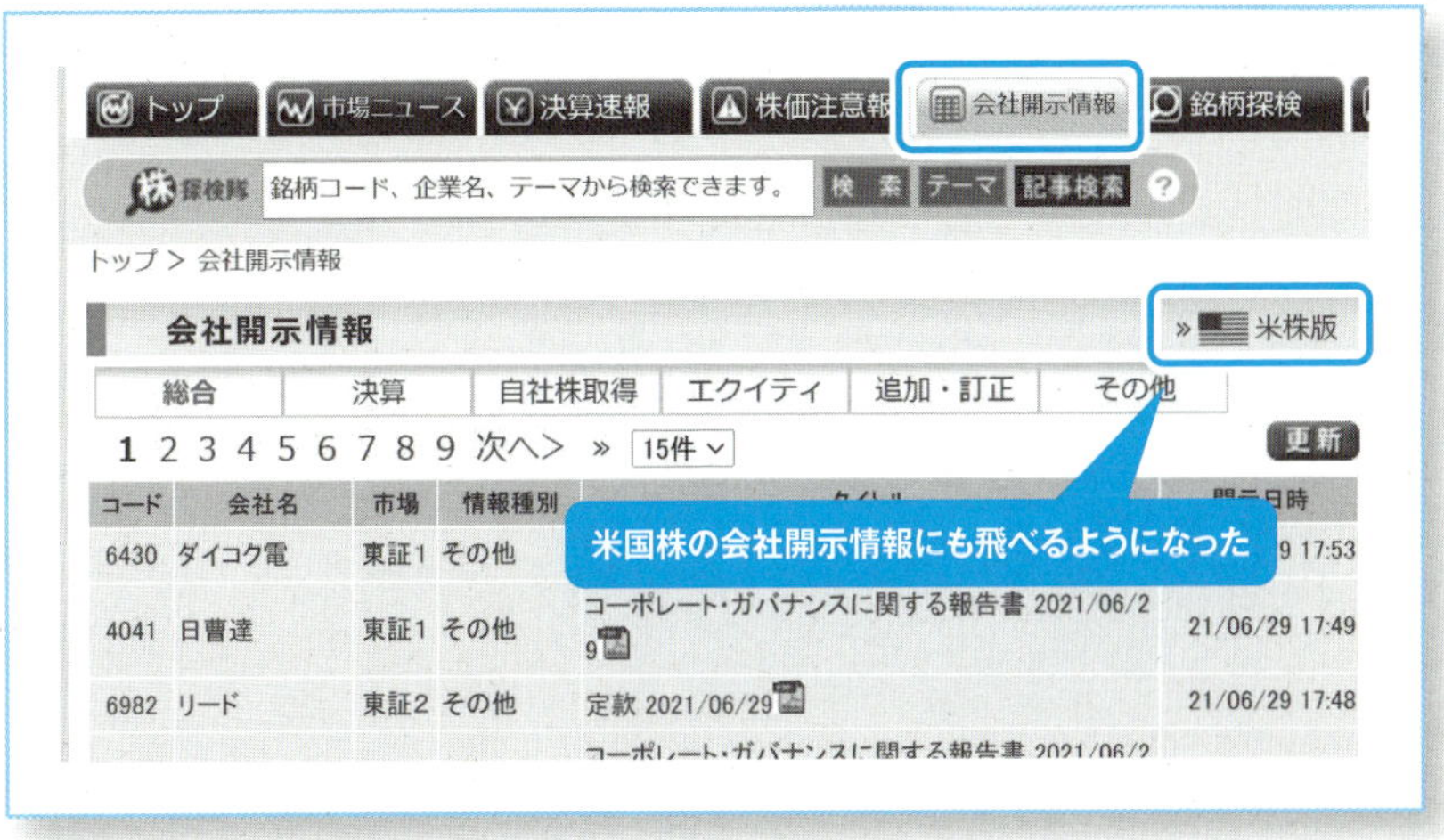

■図22 銘柄探検で業績上振れ期待の高い銘柄を探す

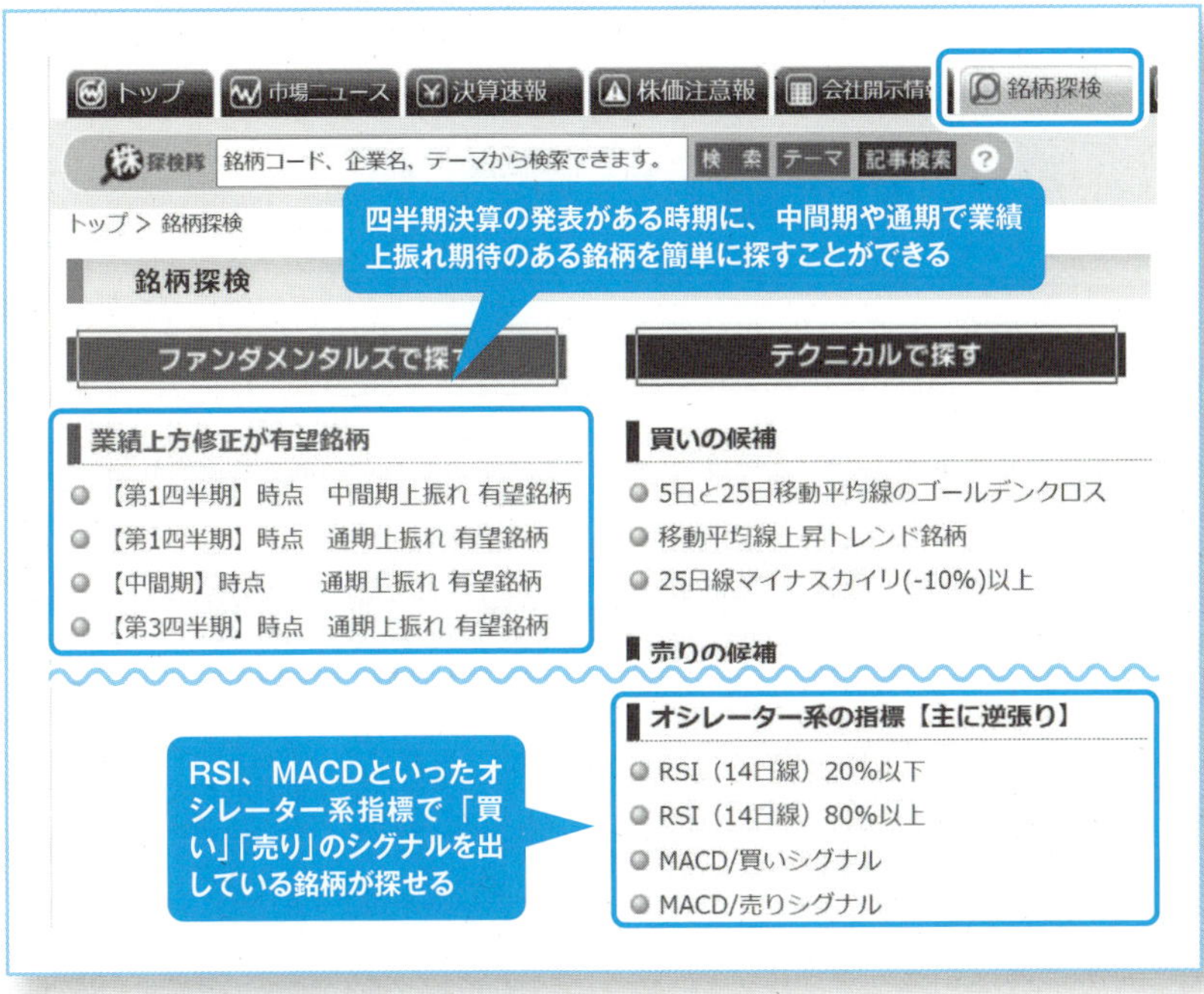

■図23　銘柄の概要やチャートなどもポップアップで見られる

コード	銘柄名	市場		株価	対中間期進捗率	5年平均進捗率	決算期間	PER	PBR	利回り
3776	BBタワー	JQ		233	1,175	68.5	21. 1-21. 3	―	1.63	0.86
9743	丹青社	東1						29.6	1.44	2.97
9260	ウィズメタク	東1						39.3	0.73	0.73
3277	サンセイラン	東1						14.1	0.71	2.90
2406	アルテHD	JQ						24.9	1.93	0.95
2211	不二家	東1						42.8	1.14	0.69
1897	金下建	東2						79.2	0.46	1.36
9636	きんえい	東2						144	4.02	0.32
2217	モロゾフ	東1						37.8	1.13	1.12
5851	リョービ	東1		1,576	208	75.4	21. 1-21. 3	11.9	0.41	2.22
4420	イーソル	東1		1,087	196	54.6	21. 1-21. 3	57.2	3.71	0.51
3671	ソフトMAX	東M		1,308	185	93.6	21. 1-21. 3	23.2	3.26	0.92
8842	楽天地	東1		4,190	159	45.0	21. 2-21. 4	166	0.82	1.43
6376	日機装	東1		1,128	146	31.3	21. 1-21. 3	11.8	0.86	1.77
2429	ワールドHD	東1		3,015	142	44.4	21. 1-21. 3	11.5	1.87	2.61

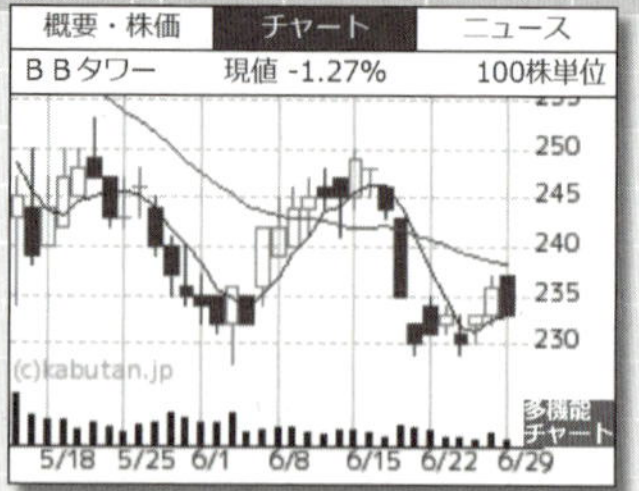

株版」にダイレクトに飛ぶこともできます。逆に米国株版の会社開示情報から日本株版に戻って相互に行き来することができますので、日本株だけでなく米国株に投資する人にとっては便利な機能になっています。

●銘柄探検（図22）

この銘柄探検の機能では、26ページで紹介した業績の進捗率をランキングで見ることができるなど、「ファンダメンタルズ」「テクニカル」の両面から注目銘柄を検索できます。

「ファンダメンタルズ」の項目では、例えば「業績上方修正が有望銘柄」の中の「【第1四半期】時点　中間期上振れ　有望銘柄」というところをクリックすると、該当銘柄のランキングが表示されます（図23）。

『株探』サイトではランキングについて次のよ

うに説明されています。

「本欄では、直近に発表された第1四半期決算で、経常利益が会社側の中間期計画に対してどこまで進んだかを示す「対中間期進捗率」に注目しました。対中間期進捗率が高いほど、中間期計画が上方修正される可能性が高くなります。

さらに、季節により収益に偏りがある飲料メーカーなどの上方修正の可能性を探れるように、対中間期進捗率の過去5年平均を併記。対中間期進捗率が高く、その進捗率が5年平均より高ければ、上方修正の可能性がさらに高いことを示します。」

そしてこの下にはランキング表が出てきますが、その記載方法は、

【時価総額≧50億円 & 対中間期進捗率≧65% & 直近進捗率≧5年平均進捗率】の条件で対象銘柄を絞り込み、［対中間期進捗率の高い順］→［5年平均進捗率の低い順］に記しています。

この「業績上方修正が有望銘柄」のところは、季節によって注目される項目が変遷します。例えば、3月期決算の会社の第1四半期は6月で終わり、その決算が7月半ば～8月半ばに発表されます。そこで第1四半期の結果を踏まえ、中間期や通期で上振れの期待が高まっている銘柄が注目されるわけですが、これらは上の2項目、すなわち「【第1四半期】時点　中間期上振れ　有望銘柄」と「【第1四半期】時点　通期上振れ　有望銘柄」で確認できます。

これが10月終盤から11月頃になれば、「中間期（第2四半期）時点　通期上振れ　有望銘柄」

という項目が注目されるでしょうし、12月末の第3四半期決算の結果を見て通期の上振れ予想をチェックする1月～2月頃になると「第3四半期時点　通期上振れ　有望銘柄」の項目が注目されるようになるわけです。

一方、「銘柄探検」の「テクニカルで探す」のほうには、例えば「買いの候補」として、「5日と25日移動平均線のゴールデンクロス」「移動平均線上昇トレンド銘柄」「25日線マイナスカイリ（マイナス10％）以上」などの銘柄のランキングを掲載しています。

実は、先に紹介したオシレーター系（※）の指標であるRSIも、チャートに実装されたのは最近ですが、このページでは以前から紹介していました。

また、トレンド分析で人気のある移動平均線のMACD（マックディー／移動平均収束拡散〈乖離〉手法）の「買いシグナル」「売りシグナル」が灯った銘柄も紹介しています。

●日本の株主（図24）

ここでは、全上場会社における世界の機関投資家を中心とした日本株の保有状況と大株主における保有割合の増減情報を提供しています（プレミアム会員向け）。

「有価証券報告書」編は、有価証券報告書に記載されている「大株主の状況（上位10件）」に基づいて、大株主が保有する銘柄リストを掲載しています。

また、「大量保有報告書」編は、保有割合5％以上の株主に提出が義務づけられている大量

※「買われ過ぎ」や「売られ過ぎ」を示すテクニカル分析手法。
オシレーターは「振り子」や「振り幅」の意味。

■図24 株価に影響を与える大株主の存在を探る

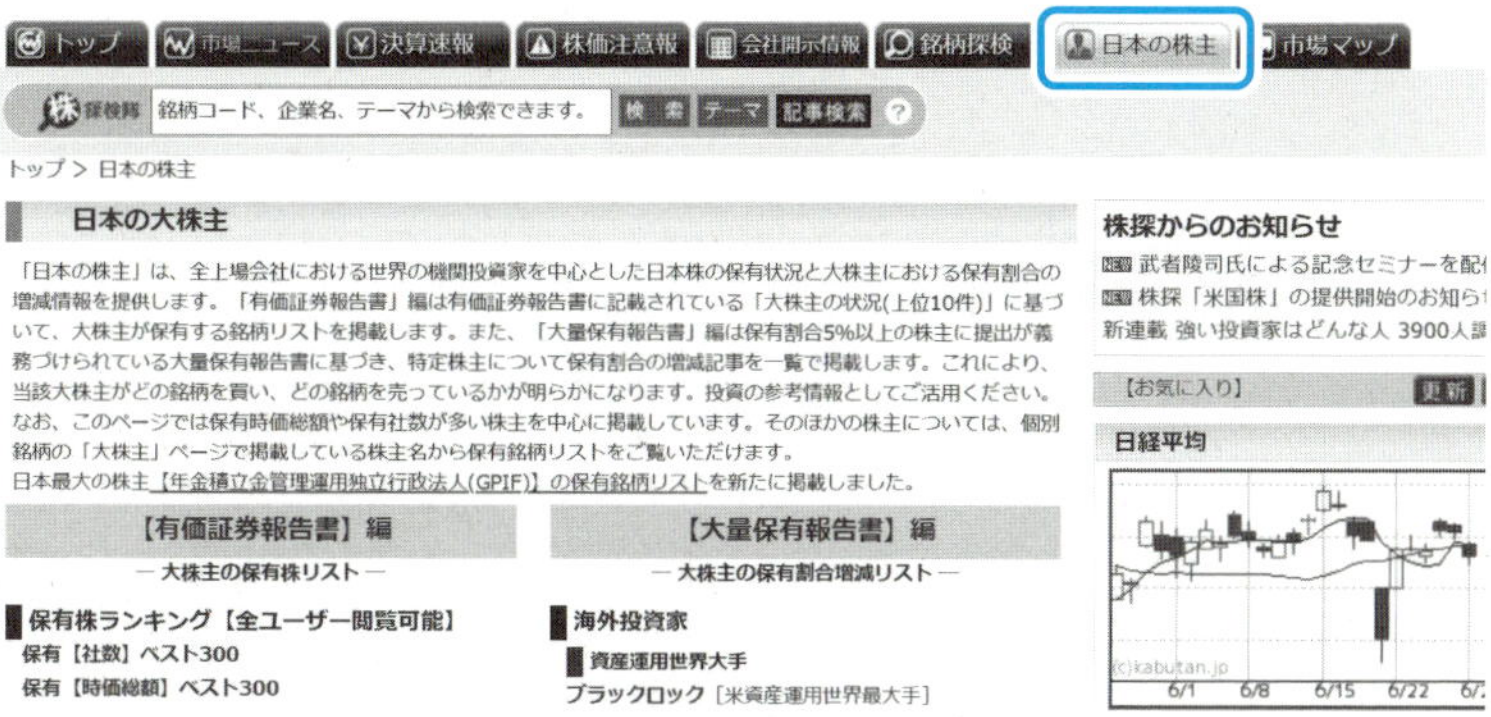

個別銘柄の「大株主」からも株主を探せる

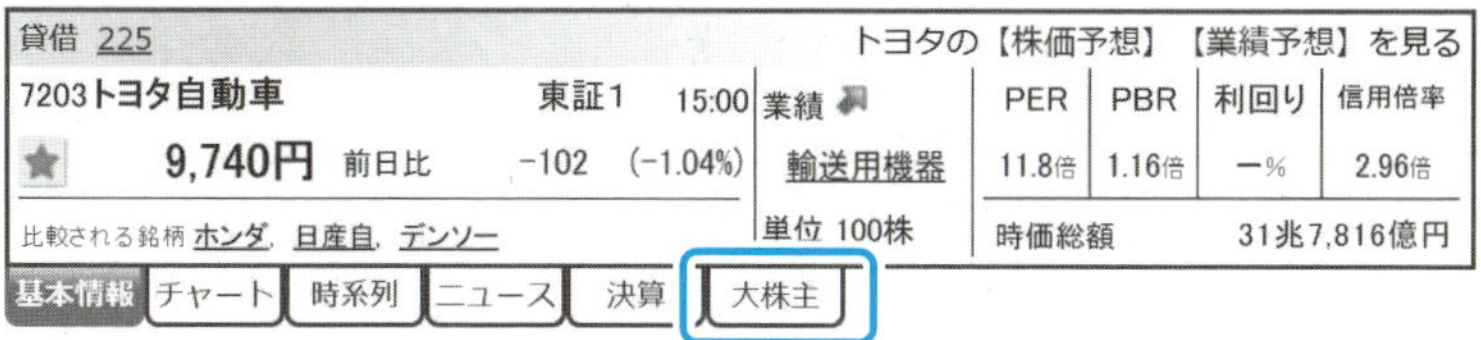

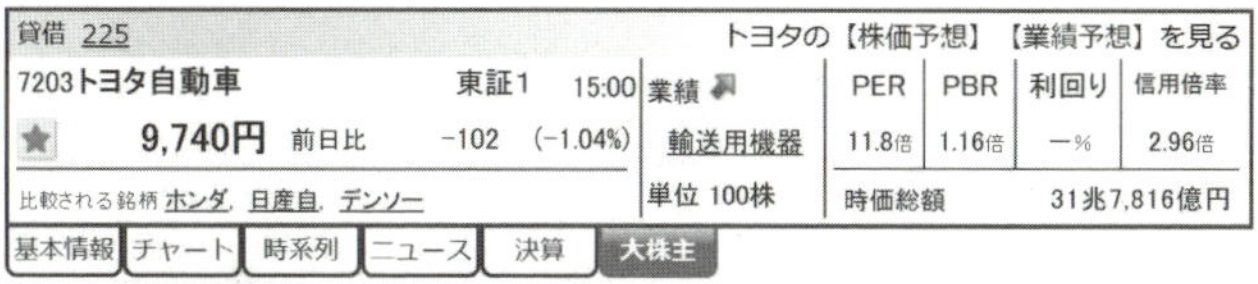

株主 21.03 | 20.09中 | 20.03 | 19.09中 | 19.03 | 18.09中　単位：1株

株主名	持ち株		
	変動	比率(%)	株式数
自社(自己株口)		14.31	467,048,800
日本カストディ銀行	↓	11.22	366,017,000
豊田自動織機		7.31	238,466,000
日本マスタートラスト信託銀行	↓	6.76	220,666,000
日本生命保険		3.90	127,340,000
JPモルガン・チェース・バンク		3.29	107,277,000
デンソー		2.76	89,915,000
ステート・ストリート・バンク&トラスト	↓	2.14	69,985,000
三井住友海上火災保険		1.74	56,814,000
BNYメロン・フォーデポジタリーレシートホルダーズ	↑	1.67	54,467,000
東京海上日動火災保険		1.56	51,064,000

■図25 市場マップ

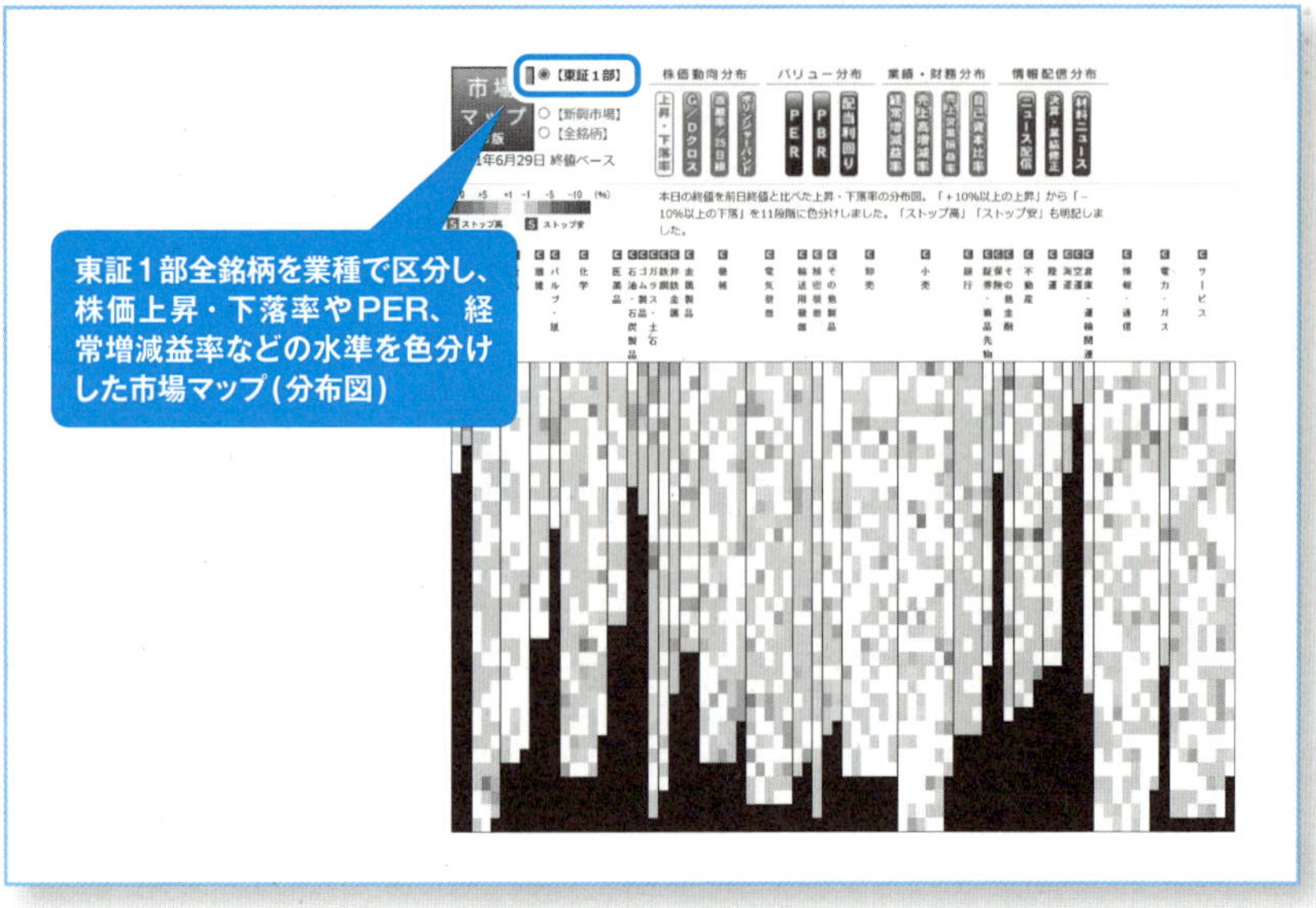
【東証1部】
【新興市場】
【全銘柄】
株価動向分布
バリュー分布
業績・財務分布
情報配信分布
東証1部全銘柄を業種で区分し、株価上昇・下落率やPER、経常増減益率などの水準を色分けした市場マップ（分布図）

保有報告書に基づき、特定株主について保有割合の増減記事を一覧で掲載しています。これにより、当該大株主がどの銘柄を買い、どの銘柄を売っているかが明らかになります。

なお、このページでは保有時価総額や保有社数が多い株主を中心に掲載しています。そのほかの株主については、個別銘柄の「大株主」ページで掲載している株主名から保有銘柄リストを調べることができます（プレミアム会員向け）。

●市場マップ（図25）

東証1部、2部、新興市場などの市場ごとに、全銘柄を業種で区分し、株価上昇・下落率や、PER、経常増減益率などの水準を色分けした市場マップ（分布図）が見られます。株式市場全体が俯瞰でき、市場・業種動向が一望できます。

■図26 個別銘柄画面

貸借 225　ファストリの【株価予想】【業績予想】を見る

9983 ファーストリテイリング　東証

83,680円　前日比 -1,020

単位 100株

比較される銘柄 しまむら, 良品計画, Uアローズ

時価総額 8兆8,762億円

「決算」のタブをクリックして業績の推移を見る

基本情報 | チャート | 時系列 | ニュース | 決算 | 大株主　決算発表予定日 2021/07/15

過去最高【実績】 | 半期【予想】 | 現金収支【実績】 | 四半期累計【実績】 | 財務【実績】 | TOPへ

今期の業績予想

通期　業績推移 | 修正履歴 | New! 成長性 | New! 収益性　1Q 2Q 3Q 4Q

決算期	売上高	営業益	経常益	最終益	修正1株益	1株配	発表日
△1997年8月期～2016年8月期を表示							
I 2017.08	1,861,917	176,414	193,398	119,280	1,169.7	350	17/10/12
I 2018.08	2,130,060	236,212	242,678	154,811	1,517.7	440	18/10/11
I 2019.08	2,290,548	257,636	252,447	162,578	1,593.2	480	19/10/10
I 2020.08	2,008,846	149,347	152,868	90,357	885.1	480	20/10/15
I 予 2021.08	2,210,000	255,000	255,000	165,000	1,615.6	480	21/04/08
前期比	+10.0	+70.7	+66.8	+82.6	+82.5		(%)
▽1997年8月期～2016年8月期を表示							

は過去最高　※最新予想と前期実績との比較。予想欄「－」は会社側が未発表。

3カ月決算【実績】　業績推移 | 成長性　2Q 3Q 4Q 1Q 2Q

例えば3カ月決算【業績】の「成長性」タグをクリックすると、売上や各利益の四半期ごとの業績を前年同期と比較することなどもできる

決算期	売上高	前年同期比	営業益	前年同期比	経常益	前年同期比	修正1株益	前年同期比
I 16.03-05	422,963	+6.2	46,488	+18.6	40,054	-14.1	235.1	-13.2
I 16.06-08	351,857	+5.5	-18,537	[illegible]	-31,858	赤拡	-225.2	赤拡
I 16.09-11	528,847	+1.6					683.5	+45.1
I 16.12-02	488,661	-0.5					270.1	黒転
I 17.03-05	460,450	+8.9					224.4	-4.6
I 17.06-08	383,959	+9.1					-8.2	赤縮
I 17.09-11	617,026	+16.7					770.1	+12.7
I 17.12-02	569,739	+16.6	56,591	+34.5	47,364	+9.1	251.1	-7.0
I 18.03-05	517,384	+12.4	68,405	+36.9	72,279	+51.0	433.2	+93.1
I 18.06-08	425,911	+10.9	-2,685	赤縮	5,203	黒転	63.5	黒転
I 18.09-11	644,466	+4.4	104,665	-8.1	111,086	-5.7	720.2	-6.5
I 18.12-02	623,231	+9.4	68,276	+20.6	63,128	+33.3	397.4	+58.3
I 19.03-05	555,180	+7.3	74,747	+9.3	72,997	+1.0	437.5	+1.0
I 19.06-08	467,671	+9.8	9,948	黒転	5,236	+0.6	38.3	-39.6
I 19.09-11	623,484	-3.3	91,690	-12.4	102,015	-8.2	694.7	-3.5
I 19.12-02	585,028	-6.1	45,046	-34.0	48,844	-22.6	289.5	-27.2
I 20.03-05	336,412	-39.4	-4,353	赤転	-8,439	赤転	-96.2	赤転
I 20.06-08	463,922	-0.8	16,964	+70.5	10,448	+99.5	-2.8	赤転
I 20.09-11	619,797	-0.6	113,094	+23.3	107,164	+5.0	689.3	-0.8
I 20.12-02	583,067	-0.3	54,888	+21.8	64,318	+31.7	347.5	+20.0

※「3カ月決算」の利益項目の長期推移はプレミアム会員向け

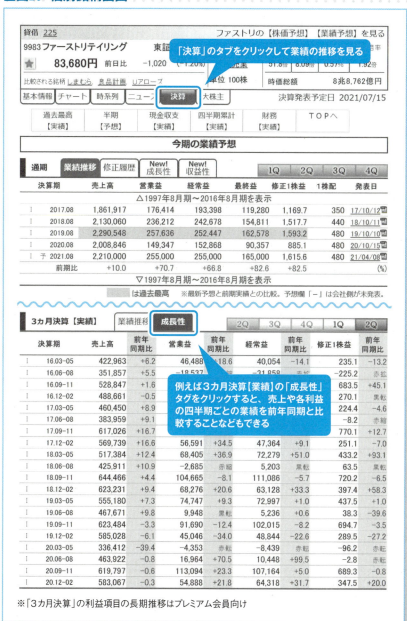

●トップから欲しい情報にダイレクトに飛ぶ

「グローバルナビ」で紹介した「決算速報」「市場ニュース」などの情報は、トップ画面を下にスクロールしていけば、そのダイジェストを見ることができます。

例えば「サプライズ決算」の速報を見たい人は、「市場ニュース」→「注目」という遠回りをしなくても、トップページの「★本日の【サプライズ決算】速報（○月○日）」からダイレクトに入ることができます。

また、「人気ニュース」や「人気テーマ」の【ベスト10】【ベスト30】は直近8時間の人気ランキングと3日間のランキングが掲載されています。例えば「【明日の好悪材料】を開示情報でチェック！」をクリックすると、先ほど説明した「市場ニュース」→「注目」の当該情報にダイレクトで飛ぶことができますので、効率的に欲しいテーマやニュースにたどり着けます。

そして『株探』の情報充実度を物語るのが、個別銘柄のページです（図26）。ここには企業の基本情報、チャート、ニュース、決算、開示情報、大株主などの情報が、とても使いやすい便利な形でコンパクトに掲載されています。

これらの機能の具体的な使い方については、このあと紹介する投資家の皆さんの活用方法を参考にしていただければと思います。

第2章

ファンダメンタルズで『株探』を活用する！

井村俊哉さん

10億り人を達成した井村さんは、『株探』を銘柄発掘に活用している。井村さんの投資手法と併せて、『株探』がどのように活用されているかを紹介する。

井村俊哉さんの『株探』活用術

私の投資手法をひと言で言えば、「絶対的なα（アルファ）を追求する」ことです。αとは超過収益のことで、日経平均などベンチマークとする指数のパフォーマンスを上回る収益を指します。私はこのαの極大化を目指しています。私の考えでは、αは「割安×成長×モメンタム」の3つの要素の式で表せます。この方程式から導き出され

使うのはここ!

トップページ→会社開示情報→

「追加・訂正」「その他」

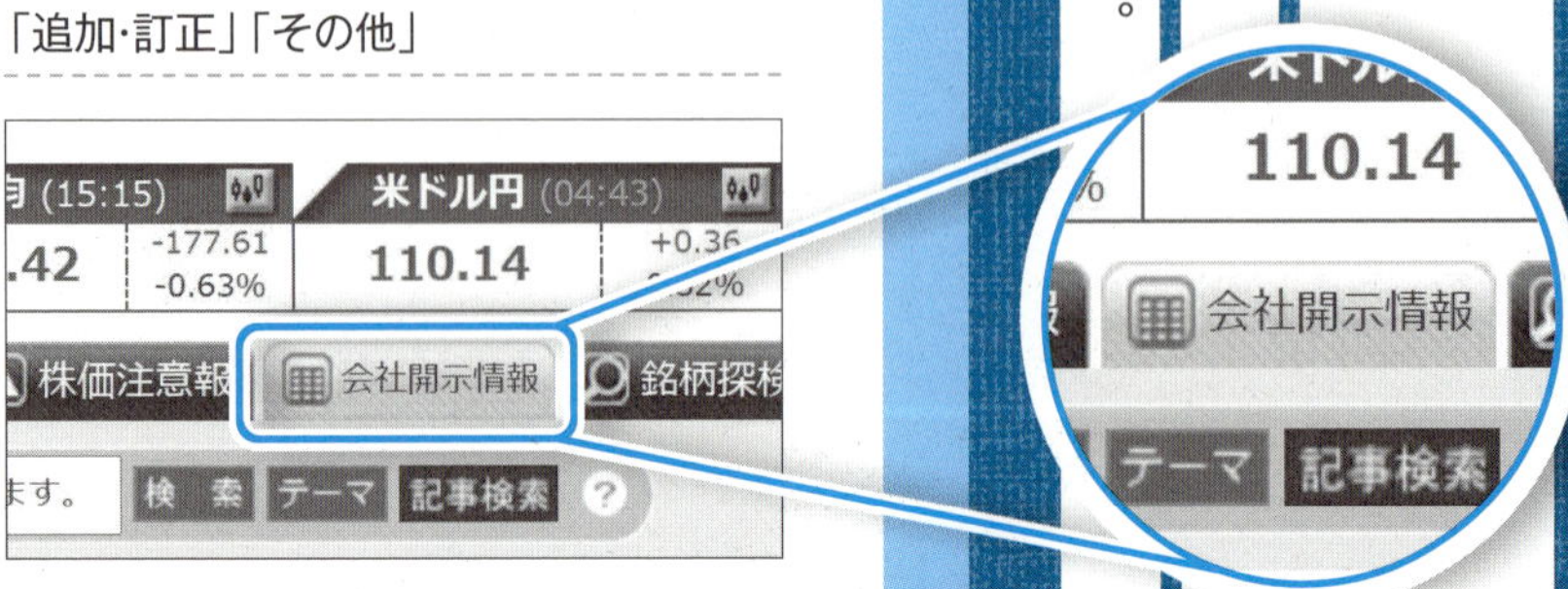

るαが最大化すると判断できる銘柄に集中投資を行います。現在は、運用額が大きくなったこともあり、5～8銘柄程度に分散しています。その裏には、長年磨き上げている600～700社の銘柄リストがあり、『株探』はそれらの銘柄を発掘する際に活用しています。

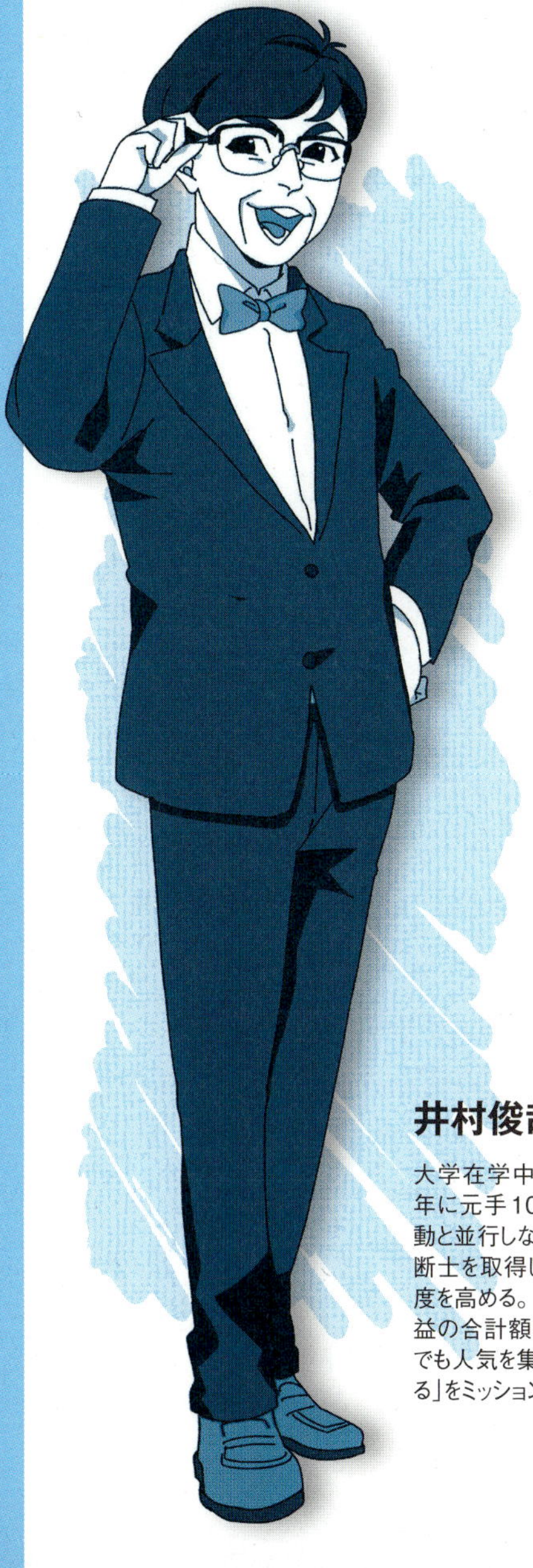

井村俊哉（いむらとしや）

大学在学中から株式投資を行い、2011年に元手100万円で本格参入。芸能活動と並行しながら2013年には中小企業診断士を取得し、企業の決算分析などの精度を高める。これまでに株式投資で得た利益の合計額は10億円を突破。YouTubeでも人気を集め、「投資の可能性を開放する」をミッションに活動している。

『株探』の入り口は「会社開示情報」
選りすぐりの銘柄を拾い出すルーティン

『株探』を「会社開示情報」の効率的な閲覧に活用

『株探』は取引所が開く日には必ずアクセスしています。投資の腕を研鑽するため、日々必ず行うルーティンがあり、その中に『株探』のチェック作業が組み込まれているのです。

『株探』は多数の機能を有する株式情報サイトですが、その中から私はトップページのグローバルナビにある「会社開示情報」を愛用しています。

開示情報が読める情報サイトは多数ありますが、『株探』の会社開示情報においては、以下の2点を重宝しています。

①TDnet（東京証券取引所が運営している適時開示情報伝達システム）に出ている適時開示情報より粒度の細かい情報も閲覧できる。例えば、「ユーザー数が○○万人を突破しました！」のようなPRの類の情報まで取れる。

②開示情報がジャンルで分けられている。

■図27 「会社開示情報」の「追加・訂正」タブ

会社開示情報 » 米株版

総合 | 決算 | 自社株取得 | エクイティ | 追加・訂正 | その他

1 2 3 4 5 6 7 8 9 次へ> » 15件 更新

コード	会社名	市場	情報種別	タイトル	開示日時
4728	トーセ	東証1	追加・訂正	(訂正・数値データ訂正)「2021年8月期 第3四半期決算短信〔日本基準〕(連結)」一部訂正について	21/07/09 18:50
6502	東芝	東証1	追加・訂正	(訂正)「会計処理問題に係る損害賠償請求訴訟の和解に関するお知らせ(開示事項の経過)」の一部訂正について	21/07/09 18:00
3454	Fブラザーズ	東証1	追加・訂正	2021年11月期 第2四半期 決算説明資料	21/07/09 17:00
9861	吉野家HD	東証1	追加・訂正	2022年2月期第1四半期決算補足資料	21/07/09 16:00
2706	ブロッコリー	JQ	追加・訂正	2022年2月期第1四半期決算補足説明資料	21/07/09 16:00
7085	カーブスHD	東証1	追加・訂正	2021年8月期 第3四半期 決算補足説明資料	21/07/09 15:30
4992	北興化	東証1	追加・訂正	2021年11月期 第2四半期決算補足説明資料	21/07/09 15:00
3201	ニッケ	東証1	追加・訂正	2021年11月期 第2四半期決算説明資料	21/07/09 15:00
3608	TSIHD	東証1	追加・訂正	(訂正)「月次売上情報(前年比)のお知らせ」の一部	21/07/09 12:12

会社開示情報ページに飛ぶと、さらに「総合」「決算」「自社株取得」「エクイティ」「追加・訂正」「その他」というタブが用意されています。

この「開示情報をジャンル分けしてくれている」という点が、開示情報のヘッドラインすべてに目を通す私にとって、すごくありがたいのです。

ただし、ここにある全項目を見ているわけではありません。「決算」タブには企業の決算短信や業績修正などが網羅されていて、情報源としての価値は高いのですが、決算は私の手法によりマッチする他のサイトでチェックしているため、『株探』では見ていません。

「自社株取得」は、時間があるときは目を通しますが、すでに発表済みの「自社株の取得状況に関するお知らせ」がほとんどで、飛ばしてしまうことも多いです。

では、私が「会社開示情報」の中で主にどこをチェックしているかというと、「追加・訂正」と「その他」です。
「追加・訂正」タブでは、企業が決算を発表した後に追加された資料や、決算の訂正書面を見ることができます（図27）。

決算発表時には、決算短信だけを公開し、決算説明資料の配布のタイミングが少し遅れる企業が少なくありません。また、決算資料等における数値の記載ミスなども、約3800社の上場企業が年に4回決算発表を行う中では少なからず起こります。このような場合でも、おおむね決算の1週間前後には追加や修正が公表されるので、このページを見ていれば抜け漏れなく、かつ効率的に資料が閲覧できるのです。

決算説明資料には、ここにしか記載がないKPIなど有用な情報が載っている場合があります。「説明資料買い」をする投資家も多く、見逃したくない貴重な情報源です。

「その他」タブでは決算や株式の異動、追加・訂正に属さない開示情報を確認することができます。コーポレート・ガバナンス関連の書面が多く流れてくるのですが、これらは基本的にチェックしていません。このタブで注目している開示は、以下の4つです。①M&A、②中期経営計画（中計）、③月次、④定量的な数字が含まれているプレスリリース。これらには今後の業績を左右する極めて重要な情報が含まれています。

例えば、M&Aに関する開示を見てみましょう。青枠で囲った箇所（図28）の電算システムホールディングス（4072）が公表した「株式会社マイクロリサーチの株式の取得（完全子

■図28 「その他」タブにあるM&A情報

会社開示情報　» 米株版

総合｜決算｜自社株取得｜エクイティ｜追加・訂正｜その他

« <前へ 5 6 7 8 **9** 10 11 12 13 次へ> » 15件　更新

コード	会社名	市場	情報種別	タイトル	開示日時
4072	電算システム	東証1	その他	株式会社マイクロリサーチの株式の取得（完全子会社化）に関するお知らせ	21/07/09 15:30
8923	トーセイ	東証1	その他	Quarterly Securities Report FY2021 2Q	21/07/09 15:30
2353	日本駐車場	東証1	その他	取締役辞任に関するお知らせ	21/07/09 15:30
2459	アウン	東証2	その他	支配株主等に関する事項について	21/07/09 15:30
8031	三井物	東証1	その他	Notice Concerning the Issuance of New Shares under the Remuneration System of Share Performance-Linked Restricted Stock	21/07/09 15:30
7888	三光合成	東証1	その他	会計監査人の異動に関するお知らせ	21/07/09 15:30
4929	アジュバン	東証1	その他	コーポレート・ガバナンスに関する報告書 2021/07/09	21/07/09 15:30
				主要株主の異動（予定）、及び学校法人ティビィシィ学院による当社株式の取得（公開買付けに準ずる行	

会社化）に関するお知らせ」というのがM＆Aの一例です。

M＆Aは、その規模や内容によっては株価を大きく動かす場合があります。単純に考えてみましょう。買収する側の企業の利益が10億円だとします。ここで買収される側の企業の利益も10億円だった場合、当然の話ですが、利益が一挙に20億円へと倍増することになります。

もちろん点検すべき項目もあります。株数増加など希薄化を伴うのか？　財務状態は悪化しないか？　PMI（M＆A後の経営・業務・意識の統合プロセス）が上手くいき本業とのシナジーは発揮できるのか？　などです。

前述の点検項目を加味した上で、仮に1株当たり利益が倍になるとしたら、発表日にストップ高に張り付いたとしても、そこで買いに入る投資行動は正しいということになるのです。

中計は必ず開くようにしています。投資に際し、事業の継続性は意思決定を左右する重要な要素の一つです。中計には、この先3年程度の業績の見通しや、会社がどの事業をどのように伸ばすのかなどが書かれており、成長の継続性を判断するヒントがふんだんに盛り込まれています。意欲的な中計が掲げられている会社は、とりあえず銘柄リストに追加し、後に調査するようにしています。ただし、中計の数字は「絵に描いた餅」になるケースも多く、鵜呑みにするのは危険です。蓋然性をしっかり検討する必要があります。

続いて月次です。月次を定点で観測していくと、決算発表の前に、売上高などを予測することができるようになります。月次が良い銘柄を決算前に先回り買いをする「月次投資法」がワークしていた時期もありましたが、見る投資家が増えたためかαが減ったようにも感じています。しかし、最近では、クラウド関連銘柄も、月次でユーザー数などを開示するケースが散見され、業界の好不況をいち早く把握するためにも、月次開示は極力開いて読むようにしています。

「その他」タブでは、最後のプレスリリースにも注目すべきポイントがあります。私は、業績に影響しそうな定量的な数字が含まれているプレスリリースをチェックするようにしています。2021年7月、ここに出てきたアイペットホールディングス（7339）を例に説明します。

このリリースは「同社が保有するペット保険の保有件数が65万件を突破」という内容でした。

2015年からの保有件数の推移がグラフ化されており、勢いよく右肩上がりとなっています。私は『株探』で開示情報をチェックする際に、保存したい情報はスクリーンショットを取り、情報整理ノートアプリで銘柄ごとに作成したページに貼り付けています。

アイペットのページには、以前のプレスリリースで同様に保険保有件数の増加を示したグラフを貼り付けていました。今回のスクリーンショットを貼り付けて一瞥すれば、今のところは右肩上がりではあるものの、成長の角度が急になるなどの変化は見受けられませんでした。開示を読むときは、常にこれまでの傾向とは異なる「変化」が起きていないかを注視しています。

このように、『株探』やほかの情報サイトで得た情報をアプリなどを使って連結・整理しながら、ウォッチリストへの新規銘柄の追加、リスト銘柄の点検、保有銘柄のメンテナンスを実施し継続的にリストを磨いています。

『株探』でやっているのは「投資の腕を磨く」修行

実際のところ、アイペットの例でもおわかりの通り、目についた開示情報であっても、投資行動にそのまま結びつくものは非常に少ないです。

それでは、なぜ日々のルーティンで『株探』の「会社開示情報」をチェックしているのか。

例えて言うなら、日々のルーティンは野球選手が行う「素振り」のようなものです。毎日欠かさず素振りをして、絶好球が来たときに思いっきりバットを振り抜けるよう日々鍛錬しているわけです。

私の投資手法では、1000枚の開示を読んでも買い付けまで至るのは1銘柄あるかないかです。決算シーズンには、約3000社の決算が数週間という短期間に出てきます。私はすべての会社の数字を確認していますが、その中で実際に購入に至るのはわずか2〜3銘柄です。

情報を入れれば入れるほど、本当に価値のある情報が浮かび上がってきます。全くもって到達できてはいませんが、理想はあらゆる銘柄の知識を手に入れることです。その境地に至れば、いまどの銘柄を組み入れればパフォーマンスが最大化するのか、全てが見えるようになるのではと期待するからです。ですので、一つひとつの開示情報のインプットは1回の素振りにすぎないとも言えるのです。

私が『株探』でやっていることは、自分の感覚では「投資の腕を磨く」ことであり、投資手法の中では「銘柄発掘」に位置付けられます。

私がいま投資中のポートフォリオを構成している8銘柄は、今まさに調子が上がってきているいわばスタメンに起用している選手たちです。そしてウォッチ銘柄リストに入れている600〜700銘柄は、控えの選手に当たります。『株探』で行っている開示情報のチェックは、控えの選手のリクルーティングに欠かせない作業です。日々のリクルーティング活動で情報を集積・整理して、銘柄リストを磨き上げているのです。

■図29 井村流投資プロセス

① 銘柄発掘
② 業績確認
③ 事業概要把握
④ 銘柄メモ作成
⑤ 銘柄リスト更新
⑥ 開示資料の読み込み
⑦ アナリストレポートの閲覧
⑧ 将来性の検討
⑨ 競合比較
⑩ IRヒアリング
⑪ バリュエーションの検討
⑫ 銘柄分析シート作成
⑬ あらゆる情報を収集
⑭ 現場を徹底リサーチ
⑮ カタリストと需給の把握
⑯ 投資

【完全版】投資に至る井村流プロセス

ここから先は、私が銘柄発掘～実際に投資するまでのプロセスを紹介し、後段で『株探』の機能でできることを併せて解説していきます。

私の株式投資のプロセスは、図29のような16のプロセスに分かれています。このプロセスは、過去にＹｏｕＴｕｂｅで手順を公開したものですが、そこでは語り切れなかった精緻なプロセスも余すところなく網羅しましたので、「完全版」としてご覧いただければと思います。

まずは①の**「銘柄発掘」**です。開示情報、大量保有報告、レーティング、投資情報メディア／ブログ、Ｔｗｉｔｔｅｒ、投資家との意見交換から、銘柄を発掘します。開示情報は、前述のように『株探』で収集しています。大量保有報告の確認を含むこれらの作業は、毎日継続して行っており、常に自分が気が付けていない銘柄はないか貪欲に目を光らせています。

次に②の**「業績確認」**は、①のプロセスから発掘された銘柄を、リストに追加すべき業績成長を示しているか、もしくは今後示す可能性があるのか確認する作業です。iMarket（適時開示ネット）や銘柄スカウター、バフェットコードなどで行います。ここでの作業は、セグメントごと、四半期ごとに、成長率、利益率、粗利など定量情報をざっと見ることです。

③の**「事業概要把握」**は『会社四季報』や、銘柄スカウター、説明資料、HPなどで行います。重視しているのは成長の継続性です。刹那的な業績成長と判断した銘柄は、リストに追加せずこのプロセスで落としていきます。

ここまでの段階で選んだ銘柄について、④の**「銘柄メモ」を作成**します。メモアプリに個別株ノートを銘柄ごとに作成し、開示情報の読み込みや、アナリストレポートの閲覧、IRヒアリングなどこの後のすべてのプロセスで収集した特筆すべき情報を、順次追加していきます。

次に、⑤の**「銘柄リスト」を更新**していきます。2021年7月現在、リストには600〜700の銘柄がありますが、これらを監視レベルごと、セクターごとにフォルダ分けします。

銘柄リスト更新の基本的な方針としては、将来性がある銘柄を追加し、バリュエーション的に妙味があったり、決算が期待できるようなカタリスト（相場を動かす契機となる材料やイベント）が近い銘柄の監視レベルを引き上げます。

銘柄リストには、「要調査」フォルダを用意しており、①〜③のプロセスで出てきた銘柄を比較的ゆるい基準でこの要調査フォルダに追加していきます。続く⑥からの作業は銘柄の深掘りに当たります。

まず、⑥の**「開示資料の読み込み」**のプロセスでは、決算短信、説明資料、中期経営計画、有価証券報告書（有報）などの開示情報に可能な限り目を通していきます。有報記載の事業系統図、大株主、原価明細、販管費内訳、事業等のリスク、設備投資計画、保有有価証券、有形固定資産等明細表などの情報は、精緻な分析の際に必要になりますが、ここではささっと確認します。

⑦の**「アナリストレポート」**からは、業績予想、レーティング、ビジネスモデル、競合他社、バリュエーション、市場環境、株主還元の方針など、投資判断に影響する網羅的な情報を取得します。その際、ホリスティック企業レポート、シェアードリサーチ、ブリッジレポート、みんなの運用会議、フィスコなど、また、証券会社のレポートであれば東海東京証券、いちよし証券、水戸証券、エース証券、三菱モルガン・スタンレー証券、SMBC日興証券など、取得可能なレポートは全て入手し、閲覧します。

入手した情報は、その都度④の銘柄メモにスクリーンショットを貼ったり、特筆すべき事項を追記していきます。そして、これまで収集した情報を整理し、⑧の**「将来性の検討」**を行います。ここで主に行うのは、定性的な検討です。例えば、「ビジネスモデルで他社に参入できない『高い壁』や『深い堀（ワイド・モート）』が築けるか?」「TAM（市場規模）は十分か?」「経営陣（オーナーシップ／コミットメント）は信頼できるか?」「ESG（環境・社会・ガバナンス）を踏まえた、社会に必要とされるビジネスか？」「株主還元を重視しているか＝株価を上げようとしているか？」「継続的に成長できるのか？」といった諸点を検討します。

⑧の「将来性」を検討する上での重要ポイントとしても挙げましたが、⑨の**「競合比較」**もこの段階で行います。ファンダメンタルズ、バリュエーション、商品サービスの特徴を競合と定量的／定性的の両面から比較します。調べた結果、競合の方が魅力的で、投資先を切り替えるというケースもあります。

ここまで時間と手間をかけてきて、それでもわからないことは、直接、⑩の**「ＩＲヒアリング」**を行います。問い合わせの際の心得として、次のようなことに気を付けています。

質問項目をあらかじめ作成する／本名を名乗る／担当者の部署と名前をお伺いする／丁重にお伺いする／担当者の時間を大切にする

加えて、他の投資家（個人および機関）からの問い合わせが増えているかどうかをお聞きできれば、銘柄視聴率が高まっているのか把握できます。

ここまで銘柄を絞り込んだうえで、⑪の**「バリュエーションの検討」**に入ります。ここでは、ネットデット（純有利子負債）またはネットキャッシュ、減価償却／のれん、ＥＶ÷ＥＢＩＴＤＡ（税引前利益に支払利息、減価償却費を加えた利益）、ＰＥＲ、配当利回り、成長率／利益率などを横並びにして、競合と比較検討します。

以上の情報を集約し、⑫の**「銘柄分析シート」を作成**します。シートには、独自業績予想や

KPIなど定量情報を入力します。入力する内容は、原価／粗利、原価明細、販管費の内訳、セグメント利益、前受金、棚卸資産、減価償却／のれんなど有報等から取得できる精緻な財務情報や、受注／受注残、店舗数／ユーザー数／ARPU（1ユーザーあたりの平均収益をあらわす指標）などのKPI（重要業績評価指標）等々で、3年分程度遡ります。入力の過程で会社の実態が浮かび上がって来るときもあり、事業への理解が深まっていきます。

さらに、αの源泉である「マーケットがまだ気がついていない情報」を収集するため、あらゆる手段を尽くし、⑬と⑭のプロセスを行います。

まず⑬の**「あらゆる情報を収集」する**です。サービスページや導入事例など企業のホームページを隈なく探し、Twitter／ウェブ検索で企業に関する情報を取集するほか、社長／社員／サービスのSNSアカウントもフォローします。また、ブログ、クチコミ、求人情報、サービス資料、PV数、入札情報など、考え得る取得可能なありとあらゆる情報を収集します。現役社員による会社評価やリアルな退職理由などが掲載されている「OpenWork」の情報も、組織の強さを計るのに非常に有用です。

αを得るためのもう一つのプロセスが、⑭の**「現場を徹底リサーチ」する**ことです。実際にその企業が提供する商品やサービスを体験したり、専門誌や業界メディアを読み、業界人や専門家をフォローしたり、可能であれば直接ヒアリングもしていきます。継続的に情報をインプットし、業界の構造、慣習、癖を理解することが目的です。機関投資家でもここまで深く、徹底的に調査することはないでしょうから、プロに打ち勝つαになると信じています。

ここまでのプロセスで、投資するか否かをほぼ決定します。あとはその購入のタイミングです。そこで⑮**「カタリストと需給の把握」**が必要になります。基本的にはカタリストが近い銘柄の方が投資対象になりやすいので、好決算、中計、株主還元、ニュースフローなど、期待できるカタリストがいつ示現するか把握します。もしカタリストがなくても、バリュエーション的に十分安ければ打診買いを入れることもあります。需給を測る場合は、信用残高、空売り残高、機関投資家などの大量保有、大株主、新株予約権、出来高など、需給に関連する情報を取得し、カタリストが示現したときの株価の動きを推測します。その際、視聴率が高い銘柄（すでに人気化している銘柄）は、逆にいうとすでに買いが入っている銘柄とも言えるため、需給が重く、バリュエーションも割高になっているケースが多いことには注意が必要です。

カタリストと需給を把握するときには、同時にモメンタムが入りやすい銘柄かどうかも検討します。投資家に人気のテーマが内包されている銘柄の方がモメンタムが入りやすいですが、その分、株価のボラティリティも高まりやすいです。アップサイドも狙えますが、ダウンサイドリスクも相応に大きいため、より厳し目にバリュエーションをはじく必要があるでしょう。個人投資家が好む銘柄と国内外の機関投資家が好む銘柄の傾向には違いがあるので、どの層のモメンタムが入りそうなのか把握し、需給読みに活用します。

こうした長い検討プロセスを経て、最後に「これは！」という確信が持てる企業に**投資**します⑯。ここで重要なことは、ポートフォリオマネジメントの徹底です。1回の発注金額、打診銘柄／サブ銘柄／コア銘柄など、それぞれのウェイトをレンジであらかじめ決めておくことで、ロットへの迷いを減らすことができます。保有量は確信度に合わせて変えていきます。

以上16の手順を経て、実際に投資をする基準は、「2～3年で株価が2倍以上に上がると思える銘柄」です。これには、2倍を取るという攻めに合わせて、「2～3年後から遡ると半額に見えるほどバリュエーション的に妙味がある」という守りの意味も含まれています。損失の可能性を極力排除することで逆に利益を得る、という発想です。

この16の手順には、私が投資の意思決定をする際のプロセスを、考え得る限り網羅しました。順番が前後したり、意思決定までの時間が限られている場合や、打診で買う場合など、プロセスを省くことも往々にしてあります。項目を省略または追加したり、自身の分析手法に合わせてカスタマイズしていただければと思います。

以上のご説明でお判りいただけたかと思いますが、私は『株探』以外にもさまざまな情報ソースを駆使して投資を行っています。ただ、読者のみなさんの中には、日々の仕事が忙しかったりして、複数の情報ソースに当たる時間が取れない方もいると思います。

そこで、「井村流16のプロセス」の中で『株探』が使える部分を、『株探』編集部に監修していただき、まとめてみました。それを図30のように一覧にしましたので、銘柄選びや投資の際の参考にしていただければ幸いです。

④銘柄メモ作成
⑤銘柄リスト更新
⑥開示資料の読み込み

①で説明したように、『株探』ではグローバルナビや各銘柄ページから開示情報に至ることができます。また、銘柄基本情報ページの「業績推移」→「直近の決算短信」をクリックすると、決算速報のページから企業がリリースした決算短信のPDFを見ることもできます（D-1／D-2）。

⑦アナリストレポートの閲覧

『株探』のトップページから下にスクロールしていくと「ＩＲリポート」が表示されており「一覧」から証券リサーチセンターによる「ホリスティック企業レポート」の一覧ページに飛びます。個別銘柄ページの「リポート」タブから飛ぶこともできます。「ホリスティック企業レポート」は主に新興市場銘柄を対象にしており、すべての企業のレポートが作成されているわけではありません。

⑧将来性の検討
⑨競合比較

各銘柄ページの銘柄（企業）名の下にある「比較される銘柄」は、主に競合となる企業です。銘柄名をクリックすると、その銘柄のページに飛びます（E）。

⑩ IR ヒアリング
⑪バリュエーションの検討
⑫銘柄分析シート作成
⑬あらゆる情報を収集
⑭現場を徹底リサーチ
⑮カタリストと需給の把握

個別銘柄ページの「ニュース」や、その先の「決算速報」からカタリスト的な情報を拾うことができます（F）。

⑯投資

D-1

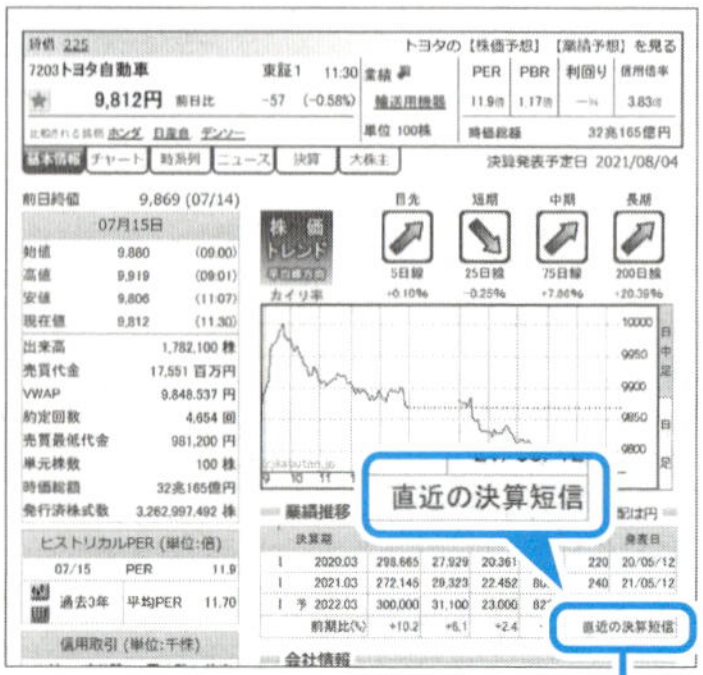
直近の決算短信

D-2

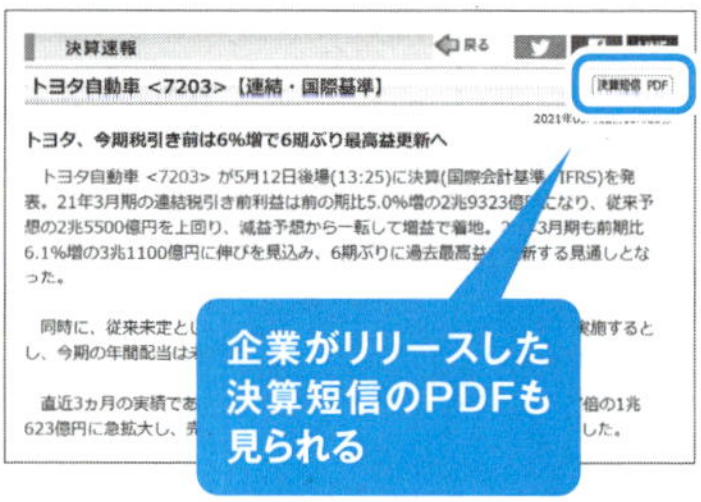
企業がリリースした
決算短信のPDFも
見られる

E

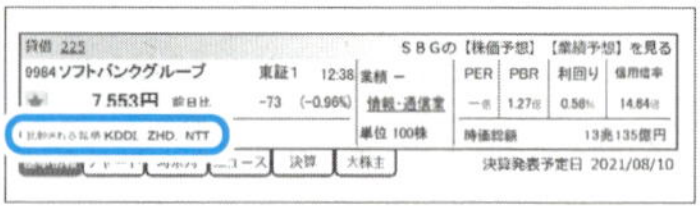

F

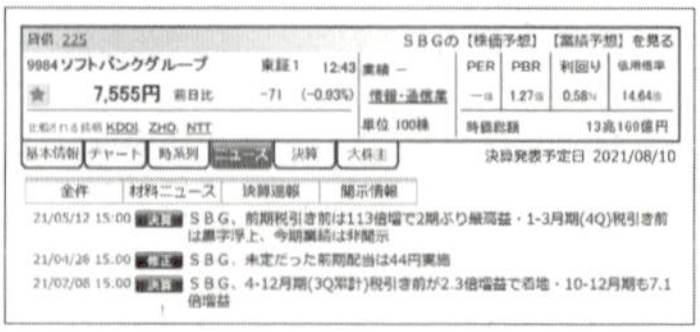

■図30 井村流投資法で『株探』を活用する例

①銘柄発掘

『株探』では、グローバルナビの「会社開示情報」から時系列で適時開示情報を見ることができます（A）。

②業績確認

私がチェックしている四半期の業績は、『株探』でも見ることができます（B）。デフォルトで２年分、８四半期の決算が表示されており、プレミアム会員であればさらに３年分さかのぼって見ることが可能です。

③事業概要把握

決算説明資料は、『株探』グローバルナビの「会社開示情報」→「追加・訂正」に飛ぶと、時系列で見ることができます。また銘柄コードの上にマウスオーバーすると、ポップアップで簡単な事業概要なども見ることができます（C-1）。事業概要は銘柄ページの会社情報のところでも確認できます。また、『四季報オンライン』へのリンクがあり、そこから『四季報オンライン』の銘柄ページへ飛ぶこともできます（C-2）。

A

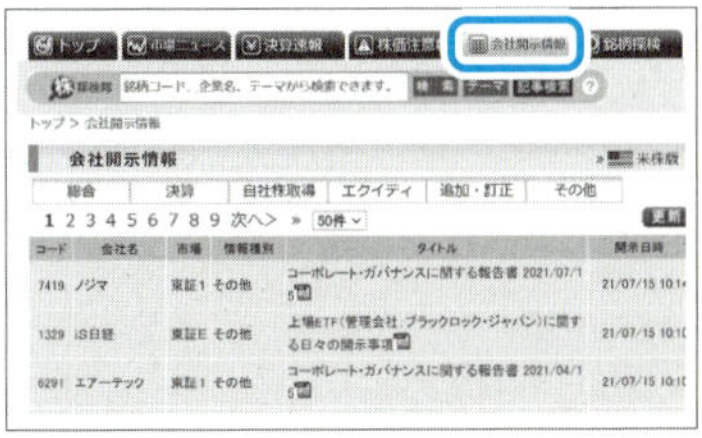

B

決算期	売上高	営業益	経常益	最終益	修正1株益	売上営業損益率	発表日
I 19.04-06	7,721,273	740,611	850,985	619,131	218.6	9.6	19/08/02
I 19.07-09	7,637,004	658,607	770,834	530,409	188.2	8.6	19/11/07
I 19.10-12	7,608,931	640,097	771,941	559,298	199.2	8.4	20/02/06
I 20.01-03	6,899,339	359,917	399,182	327,302	116.9	5.2	20/05/12
I 20.04-06	4,600,796	13,920	118,233	158,843	56.9	0.3	20/08/06
I 20.07-09	6,774,427	506,061	610,582	470,525	168.4	7.5	20/11/09
I 20.10-12	8,150,032	987,941	1,141,174	838,696	300.1	12.1	21/02/10
I 21.01-03	7,689,339	689,826	1,062,365	777,197	278.0	9.0	21/05/12
前年同期比	+11.5	+91.7	2.7倍	2.4倍	2.4倍		(%)

C-1

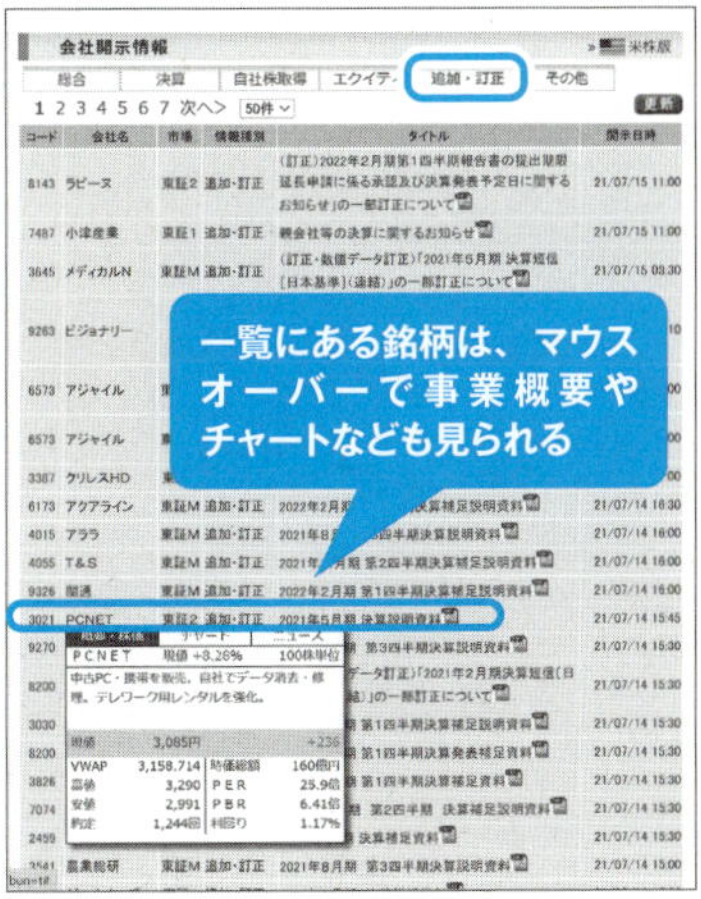
一覧にある銘柄は、マウスオーバーで事業概要やチャートなども見られる

C-2

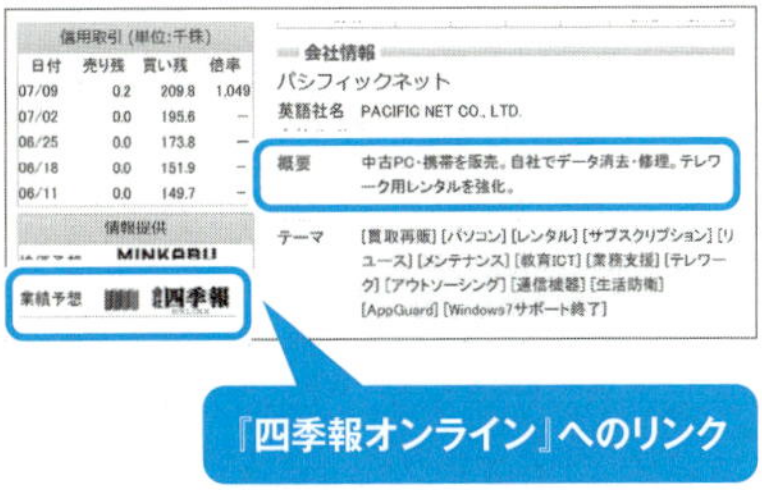
『四季報オンライン』へのリンク

uki5496さん

徹底したファンダメンタルズ分析と「負けづらさ」を追求した分散投資を行う

uki5496さんによる銘柄発掘法を紹介。

uki5496さんの

『株探』活用術

私の投資手法であるバリュー投資はダウンサイド（保有資産の損失）のリスクを軽減することができ、運用の安全性が高まります。さらに約80銘柄に分散投資を行い、「負けづらさ」を追求しています。私にとって「良い銘柄」とは、安定的に成長する銘柄のことです。利益と資産が継続的に成長し、資産が積み上がっていくことで長期的に

使うのはここ!

トップページ→決算速報のタブ→

各企業の決算ページ

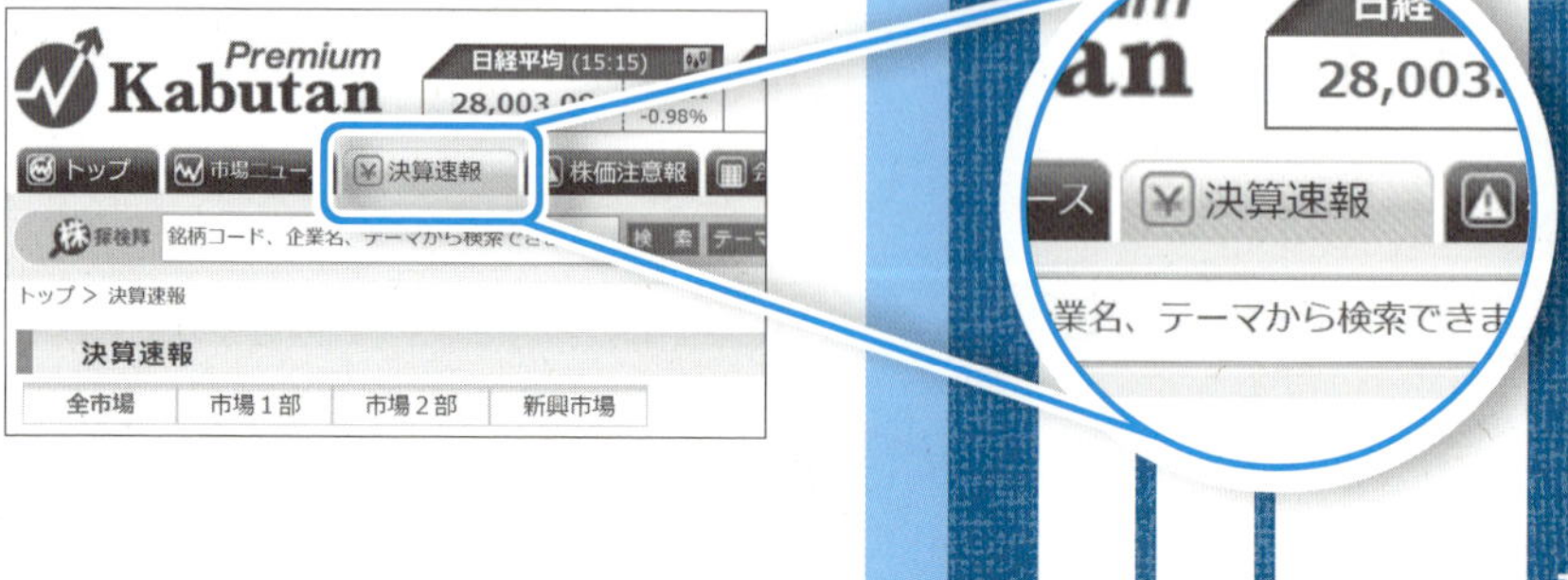

割安度が増していく銘柄が理想的です。企業の業績や資産の内容の分析には手間がかかります。その際、『株探』は、分析に欠かせない指標がコンパクトにまとめられており、視認性・検索性に優れた必要不可欠なツールです。『株探』の莫大な機能からエッセンスを抽出して、紹介します。

uki5496（ゆーきごーよんきゅーろく）

2004年に投資を開始し、個別銘柄のファンダメンタルズ分析によるバリュー投資を行っている。「効率的で負けにくい」投資がモットーで、開始以来の運用成績は、対TOPIXの平均で年率10%以上上回る。TOPIXがマイナスを記録した年でもプラスで終える堅実さが特徴。

長期の業績を一覧で見られる『株探』でバリュー投資の銘柄発掘作業を大幅効率化

低PERで純資産が長期的に積み上がっている銘柄が狙い

私の投資手法は長期バリュー投資ですが、エントリー（取引開始）の際にいかに安く買い付けるかも非常に重要です。そのための市況分析も欠かすことができません。

市況分析には日経平均・TOPIX・ジャスダック・マザーズのインデックス（市場の動きを示す指数）を使います。それぞれのインデックスの時系列データは、『株探』の個別銘柄ページから「時系列」タブで見ることができます（図31）。日次では約1年3カ月、週次では約6年、月次では2009年までさかのぼって確認することが可能です。

指数の時系列に、PER・PBRといったファンダメンタルズのデータを加えて分析し、長期的な傾向と、現在の位置や方向性を確認します。

例えば、株価が割安かどうかを判断する一つの指標として、配当割引モデル（DDM）というものがあります。その企業の株式を持ち続けた場合に将来もらえる配当を現在の価値に割り

■図31 日経平均の「時系列」データ

日経平均の【株価予想】を見る

0000 日経平均 指数 15:15

★ 28,643.21 前日比 +45.02 （+0.16%）

比較される銘柄 NYダウ，TOPIX，米ドル／円

業績 ―

構成銘柄一覧

単位 ―株

PER	PBR	利回り	信用倍率
―倍	―倍	―%	―倍

時価総額 ―

基本情報 チャート 時系列 ニュース

時系列株価

日足 週足 週次信用残 月足 年足

年初来高値 30,714.52（21/02/16） 年初来安値 27,002.18（21/01/06）

本日	始値	高値	安値	終値	前日比	前日比%	売買高(株)
21/07/06	28,677.95	28,748.23	28,587.61	28,643.21	+45.02	+0.2	794,250,000

1 2 3 4 5 6 7 8 9 次へ> »

日付	始値	高値	安値	終値	前日比	前日比%	売買高(株)
21/07/05	28,709.57	28,731.07	28,581.08	28,598.19	−185.09	−0.6	774,290,000
21/07/02	28,719.24	28,849.32	28,688.63	28,783.28	+76.24	+0.3	904,550,000
21/07/01	28,832.41	28,833.17	28,624.80	28,707.04	−84.49	−0.3	833,230,000
21/06/30	28,896.31	28,998.99	28,779.76	28,791.53	−21.08	−0.1	963,360,000
21/06/29	28,927.44	28,951.68	28,735.55	28,812.61	−235.41	−0.8	1,034,640,000
21/06/28	29,112.66	29,121.28	28,984.93	29,048.02	−18.16	−0.1	870,730,000
21/06/25	29,137.30	29,174.17	28,992.74	29,066.18	+190.95	+0.7	904,260,000

引き、それらを合計したものが株価であるという考え方です。

ただし配当の金額は経営戦略に左右されるため、配当の代わりに純利益を割り引いた現在価値で考えることもあります。つまり、利益を生み出す力こそ株価を形成する力であるという考え方です。そこから株価の割安・割高を判断するには、株価と1株当たり利益の割合比率であるＰＥＲを重視するべきである、という考え方が出てきます。

そこで私はＰＥＲも当然見ていますが、ＰＥＲ以上に重視しているのが「純資産の推移」です。指標で言えば純資産と株価の割合（ＰＢＲ）です。詳しくは後述しますが、長期的な利益の積み上げで形成された企業の純資産は「ブレが少ない」ため、利益よりも株価の割安・割高をより正確に判定できると考えているからです。

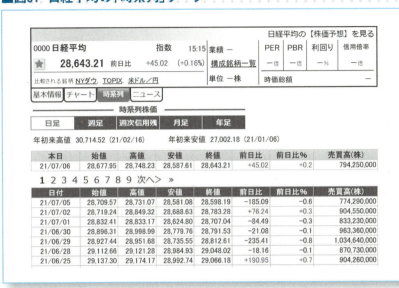

ＰＥＲは低いが純資産は長期的に積み上がっているような銘柄を見つけると、買いの候補に入れておきます。

長期的に見ると、通常、日経平均のＰＢＲは1倍前後で推移する期間が長くなっています。ところが長期の下落相場や、リーマン・ショック、コロナ・ショックなどで株価が暴落したときには、ＰＢＲが０・８倍程度まで下がりました。市況分析を長く続けていると、そこで「チャンスの時が来た」と判断することができます。

このように、市況分析と並行して「チャンスが来たら何を買うか」を考えて銘柄分析を行うときこそ、『株探』の本領がもっとも発揮される場面です。

利益の数値は極めて「ブレやすい」ため「純資産」に着目

『株探』の良さは、一つの銘柄をあらゆる角度から「俯瞰して見る」ための情報・指標が豊富で、それらがコンパクトにまとめられていることです。個別銘柄のページ内にタブが用意されていて、さまざまな情報を行き来しやすい点も、利用性を高めています。

個別銘柄の「決算タブ」をクリックすると、その企業の業績が一覧で表示されます。上から「今期の業績予想」／「通期」「過去最高【実績】」「半期」、「キャッシュフロー推移」／「通期」、「業績・財務推移【実績】」／「前期【実績】」「3カ月決算【実績】」「財務【実績】」と続きます。

■図32 財務【実績】で1株当たり純資産と自己資本を見る

1株当たり純資産

財務 【実績】 | 1Q | 2Q | 3Q | 4Q

決算期		1株純資産	自己資本比率	総資産	自己資本	剰余金	有利子負債倍率	発表日
			△2001年3月期～20		年3月期を表示			
U	2019.03	6,830.92	37.3	51,936,949	19,348,152	21,987,515	1.04	19/05/08
I	2020.03	7,454.00	38.2	53,972,363	20,618,888	22,234,061	1.04	20/05/12
I	2021.03	8,370.88	37.6	62,267,140	23,404,547	24,104,176	1.10	21/05/12
			▽2001年3月期～20		年3月期を表示			

トヨタ自動車（7203）

自己資本

その中で私がもっとも重視しているのが、「財務【実績】」の項目です（図32）。ここでは「1株（当たり）純資産」と「自己資本」をチェックします。1株当たり純資産と自己資本は、どちらも企業の安定性と企業価値を判定するためのもっとも重要な指標だと考えているからです。

純資産とは、企業が過去に行った資金調達のうち、負債（借り入れ）による調達を除いたものです。株式発行によって調達したお金を「自己資本」といいますが、純資産は自己資本に「その他の包括利益累計額」「新株予約権」「非支配株主持分（連結財務諸表のみ）」を加えたものです（この辺は覚えなくても問題ありません）。『株探』では純資産の金額でなく、純資産を発行済株式数で割った「1株（当たり）純資産（PBR）」を見ることができます。

私の考えでは、純資産は「会社の利益が蓄積されたもの」です。

年度や四半期という期間の中で得られる「利益」という流動的な（フロー）価値は、事業の継続・拡大のために再投資されます。例えば工場などの設備や、知的財産の取得などといった形です。そして、そこからまた新たな利益が生まれます。このような利益の蓄積（ストック）が、純資産という形で貸借対照表に表記され、投資家に報告されます。

これらの数値は本来、企業の決算報告書や決算短信から抜き出して並べて検討する手間がかかるところを、『株探』は1ページに凝縮して見せてくれます。この便利さは、多くの企業に分散投資するために、莫大な数の企業をチェックしなければいけない私のような投資家には、何物にも替えがたい価値があります。

純資産の推移には、その企業が過去に上げた収益と再投資の結果がすべて表れています。

一般的には、利益こそが会社の価値であると言われており、私ももちろんそれを否定するつもりはありません。ただし、企業価値を測る指標として利益を用いる際に、見過ごすことのできない大きな問題があります。

それは、利益の数値は極めて「ブレやすい」ことです。

前期まできわめて順調に、莫大な利益を上げていた企業が、一転して赤字に落ち込むことは決して珍しいことではありません。例えば規制の変化や、経済ショックなどの影響をもろに受けて、優良企業が営業赤字に転落することはよくあります。

■図33 コロナ禍の影響を受けたJR東海の直近の業績

通期 業績推移 修正履歴 New! 成長性 New! 収益性 1Q 2Q 3Q 4Q

決算期	売上高	営業益	経常益	最終益	修正1株益	1株配	発表日
△1998年3月期～2017年3月期を表示							
2018.03	1,822,039	662,023	583,569	395,502	2,015.5	140	18/04/26
2019.03	1,878,137	709,775	632,653	438,715	2,238.9	145	19/04/25
2020.03	1.844.647	656.163	574.282	397.881	2.027.9	150	20/04/27
2021.03	823,517	−184,751	−262,064	−201,554	−1,025.5	130	21/04/27
予 2022.03	1,234,000	215,000	142,000	90,000	457.4	130	21/04/27
前期比	+49.8	黒転	黒転	黒転	黒転		(%)
▽1998年3月期～2017年3月期を表示							

は過去最高　※最新予想と前期実績との比較。予想欄「−」は会社側が未発表。

JR東海(9022)

今、世界中の企業が多かれ少なかれ、新型コロナウイルスのパンデミックの影響を受けています。その中でも、飲食や観光・居酒屋・百貨店・運輸といった業種は大打撃を受け、昨年から今年にかけて巨額の赤字を計上しました。

わかりやすい例として、JR東海（9022）を見てみましょう（図33）。2018年～2020年にかけて、売上高は約1兆8000億円前後、1株当たり利益は2000円前後で比較的安定していました。ところが2021年3月期は、売上高が約8200億円、1株当たり利益はマイナス1026円に転落したのです。

特に1株当たり利益がマイナスになったのが問題です。ここが赤字になると株価を1株当たり利益で割って算出するPERが算出不能となり、長期的な推移を把握することができなくな

■図34 純資産・自己資本は「ブレ」が少ない

通期　業績推移　修正履歴　New! 成長性　New! 収益性　1Q　2Q　3Q　4Q

決算期	売上高	営業益	経常益	最終益	修正1株益	1株配	発表日
△1998年3月期～2017年3月期を表示							
2018.03	1,822,039	662,023	583,569	395,502	2,015.5	140	18/04/26
2019.03	1,878,137	709,775	632,653	438,715	2,238.9	145	19/04/25
2020.03	1,844,647	656,163	574,282	397,881	2,027.9	150	20/04/27
2021.03	823,517	−184,751	−262,064	−201,554	−1,025.5	130	21/04/27
予 2022.03	1,234,000	215,000	142,000	90,000	457.4	130	21/04/27
前期比	+49.8	黒転	黒転	黒転	黒転		(%)
▽1998年3月期～2017年3月期を表示							

は過去最高　※最新予想と前期実績との比較。予

1株純資産、自己資本の減少は小幅

財務【実績】　1Q

決算期	1株純資産	自己資本比率	総資産	自己資本	剰余金	有利子負債倍率	発表日
△2001年3月期～2018年3月期を表示							
2019.03	17,703.74	37.3	9,295,745	3,471,294	3,387,569	0.38	19/04/25
2020.03	19,514.81	39.9	9,603,126	3,831,833	3,755,901	0.35	20/04/27
2021.03	18,510.87	37.9	9,600,370	3,642,515	3,526,766	0.39	21/04/27
▽2001年3月期～2018年3月期を表示							

JR東海（9022）

ってしまいます。

とはいえ、ここで冷静になって考えてみましょう。一時的に赤字を計上した事実は、その企業の価値がマイナスになったということを意味するでしょうか？

もちろんそんなことはありません。

局面が変わるまで耐え忍び、無事生き残ることができれば、その企業が再び収益を上げる体制に戻る可能性のほうが圧倒的に大きいはずです。利益を重視しすぎると、このようなイレギュラーな事態に際して判断を狂わされてしまうリスクがあるということです。

一方、純資産は利益に比べ、ブレが圧倒的に少ないのです。コロナ禍のＪＲ東海でも、利益が吹っ飛んだ一方で１株純資産・自己資本の減少は小幅にとどまりました（図34）。コロナで人々の生活やビジネススタイルが変化してしま

ったと言われますが、ＪＲ東海はコロナが収束した後には、積み上がった純資産を活用して、新たに収益を上げる道を整えていくでしょう。

このように、相対的に指標としての継続性・安定性が高いので、純資産と自己資本は、その企業が長期に利益を蓄積していく力を見るのに適しているのです。

日本には海外の企業に比べ、業績が堅実で純資産が積み上がっているのに、株価が低いままの企業が少なくありません。こうした企業は長期保有の際のリスクが低く、かつプラスの変化が起こって株価上昇に弾みがつくことが少なくないので、非常に狙い目といえます。

1株純資産が大きく減少した！ でもあわてない

このほか、私の『株探』の具体的な活用法について、給食事業と介護事業を柱とするアスモ（2654）を例に解説していきます（図35）。

まず、「決算」タブから見ていきます。

2015年以降はきれいな右肩上がりを描いて、堅実に1株純資産が積み上がっています。近年の収益の蓄積は非常に順調であるといえるでしょう。

しかし、少しさかのぼって2010年ごろを見ると、業績が不調だったことがわかります。この時期は外食・ホテル事業の分割・売却を行うなど、極めて大規模な事業変革を行っていた

■図35　アスモの安定した財務内容

財務　【実績】　1Q　2Q　3Q　4Q

決算期	1株純資産	自己資本比率	総資産	自己資本	剰余金	有利子負債倍率	発表日
▽閉じる							
2001.03	216.49	14.8	7,883	1,162	546	3.52	01/05/18
2008.03	10.58	4.4	9,453	420	−3,060	7.69	08/05/16
2009.03	2.67	5.7	7.144	404	−4.277	7.43	09/05/19
2010.03	−15.08	−9.9	3,837	−2,339	−7,068	−1.48	10/05/19
2011.03	2.64	16.5	2,238	369	−4,322	2.55	11/05/12
2012.03	9.44	44.8	2,957	1,324	−3,368	0.48	12/05/14
2013.03	15.09	51.8	4,087	2,115	−2,600	0.20	13/05/13
2014.03	20.97	59.9	4,907	2,940	641	0.00	14/05/14
2015.03	25.62	65.6	5,474	3,592	1,147	0.00	15/05/14
2016.03	28.58	66.2	6,050	4,007	1,620	0.00	16/05/12
2017.03	31.98	67.5	6,638	4,483	2,075	0.01	17/05/12
2018.03	351.68	64.7	7,623	4,930	2,559	0.01	18/05/14
2019.03	392.15	65.9	8,348	5,498	3,100	0.01	19/05/14
2020.03	433.84	68.5	8,877	6,082	3,633	0.04	20/05/14
2021.03	448.32	69.0	9,065	6,258	3,905	0.04	21/05/14

※プレミアム会員向け画面

ようです。リストラクチャリングを完遂して以降は、２０１５年からの数値で見るように業績好調が続いています。アスモの不調は一時的な特殊要因によるものだったことが確認できました。

このように、仮に途中で純資産が減少するなど業績不振の時期があったとしても、それがまた繰り返されるような要因でなく、無事乗り越えられたものであれば、問題ありません。

一方、以前に不景気を原因として極度の業績悪化を経験した企業の場合は、また景気後退が訪れたときに、同様の業績不振が繰り返される可能性が高くなりますので、この点はよく確認しておく必要があります。

今では『株探』で財務や業績の数値を（できれば長期で）ざっと確認し、途中で大きなマイナスなどがなければＯＫ。もし不審な点があれば、そのつど企業が公開している決算資料に当たるという作業が、私のルーティンになっています。これに慣れると手も頭も早く動くようになり、作業時間の大幅な節約になります。

最後に財務の確認について、1株純資産と自己資本の違いを押さえておきましょう。先述した会計上の定義の違いのほかに、銘柄分析上の注意点があります。

自己資本は「自社株買い」が行われると減少します。数値が減少するので、その点だけをとらえれば良くないことのように思えてしまいますが、通常、企業による自社株買いの発表は投資家に好材料と認識され、株価が上昇することが多いのです。

企業が自社株買いを行うと、支払った現金は株式を手放した投資家の手にわたります。一時的に純資産は減少しますが、その一方で実質的に発行済み株式数が減少するので、その後の企業の稼ぎ（利益）は、自社株買い以前よりも1株当たりで増加することになります。純資産は下がるが、ＰＥＲは下がるということです。ちなみに1株純資産については、会社のＰＢＲによって異なり、ＰＢＲが1倍超だと1株純資産は減少（ＰＢＲは上昇）、ＰＢＲ1倍未満だと1株純資産は増加（ＰＢＲは低下）となります。

要するに、自社株買いによる自己資本の減少は、投資家にとってネガティブな話ではないということです。

この点を理解しておけば、1株純資産や自己資本減少に狼狽する必要はないということがわかるでしょう。一時的要因があることはきちんと知っておいたうえで、基本は1株純資産・自己資本のどちらも右肩上がりに積み上がっていく企業から投資先を探すのが私の投資スタンスです。

通期業績を長く見て「シクリカル銘柄」を避ける

続いて「業績」を確認していきます（図36）。

売上高・EPS（修正1株益）とも、通期で長期的な業績を見て、少しずつでも着実に伸ばしている、安定成長路線に乗っている企業かどうかを確認します。

特に2008年～2009年のリーマン・ショックのときに、売上高と修正1株益がどう推移したかは必ず確認する必要があります。

素材産業や自動車、機械などのセクターに多いのですが、景気サイクルに敏感に反応する「シクリカル銘柄」は、景気後退が訪れたときに業績がガクンと落ちます。景気後退が来るたびに同じことを繰り返すような企業は安定成長路線に乗っているとは言えませんし、私が重視している「負けにくい」投資に合致しません。そのため、シクリカル銘柄への投資は基本的に避けるようにしています。

仮にこの5年くらいで調子よく右肩上がりであったとしても、2008年～2009年に業績を著しく落とした銘柄については、その後に事業リストラクチャリングや体質改善がしっか

■図36 リーマン・ショック時の業績に注目

貸借 225　　日立の【株価予想】【業績予想】を見る

6501 日立製作所　東証1　15:00　業績　電気機器　単位 100株

6,386円　前日比 −234 (−3.53%)

PER	PBR	利回り	信用倍率
11.2倍	1.75倍	−%	2.01倍

時価総額 6兆1,831億円

比較される銘柄 東芝 三菱電 パナソニック

基本情報 チャート 時系列 ニュース 決算 大株主

過去最高【実績】 半期【予想】 現金収支【実績】 四半期累計【実績】 財務【実績】 TOPへ

今期の業績予想

通期　業績推移　修正履歴　New! 成長性　New! 収益性　1Q 2Q 3Q 4Q

決算期	売上高	営業益	経常益	最終益	修正1株益	1株配	発表日
		▽閉じる					
U 1998.03	8,416,834	209,007	171,726	3,477	5.2	11	98/05/28
U 1999.03	7,977,374	−34,074	−223,309	−338,794	−507.5	5.5	99/05/27
U 2000.03	8,001,203	174,364	79,235	16,922	25.4	6	00/04/28
U 2001.03	8,416,982	342,312	323,655	104,380	156.3	11	01/04/27
U 2002.03	7,993,784	−117,415	−586,072	−483,837	−724.8	3	02/04/26
U 2003.03	8,191,752	152,967	96,828	27,867	41.5	6	03/04/28
U 2004.03	8,632,450	184,863	237,149	15,876	24.1	8	04/04/28
U 2005.03	9,027,043	279,055	264,506	51,496	77.7	11	05/04/28
U 2006.03	9,464,801	256,012	274,864	37,320	56.0	11	06/04/27
U 2007.03	10,247,903	182,512	202,338	−32,799	−49.2	6	07/05/16
U 2008.03	11,226,735	345,516	324,782	−58,125	−87.4	6	08/05/13
U 2009.03	10,000,369	127,146	−289,871	−787,337	−1,184.3	3	09/05/12
U 2010.03	8,968,546	202,159	63,580	−106,961	−146.0	0	10/05/11
U 2011.03	9,315,807	444,508	432,201	238,869	264.4	8	11/05/11
U 2012.03	9,665,883	412,280	557,730	347,179	384.1	8	12/05/10
U 2013.03	9,041,071	422,028	344,537	175,326	186.4	10	13/05/10
U 2014.03	9,563,791	538,288	573,691	264,975	274.3	10.5	14/05/12
I 2015.03	9,774,930	641,325	518,994	217,482	225.2	12	15/05/14
I 2016.03	10,034,305	634,869	517,040	172,155	178.2	12	16/05/13
I 2017.03	9,162,264	587,309	469,091	231,261	239.5	13	17/05/12
I 2018.03	9,368,614	714,630	638,646	362,988	375.9	15	18/04/27
I 2019.03	9,480,619	754,976	516,502	222,546	230.5	58	19/04/26
I 2020.03	8,767,263	661,883	180,268	87,596	90.7	95	20/05/29
I 2021.03	8,729,196	495,180	844,443	501,613	519.3	105	21/04/28
I 予 2022.03	9,500,000	740,000	800,000	550,000	568.7	−	21/04/28
前期比	+8.8	+49.4	−5.3	+9.6	+9.5		(%)
		△閉じる					

日立製作所(6501)

2008〜2009年のリーマン・ショック時に、売上高と修正1株益がどう推移したかをチェック

※プレミアム会員向け画面

■図37　燦ホールディングスの3カ月業績

3ヵ月決算【実績】　業績推移　New! 成長性　4Q　1Q

利益ベースで前年同期と変わらない水準

決算期	売上高	営業益	経常益	最終益	修正1株益		
▽閉じる							
16.04-06	105,607	-718	-1,420	-2,965	-30.8	-0.7	16/08/01
16.07-09	106,904	8,733	8,166	6,079	63.2	8.2	16/10/31
16.10-12	106,330	4,901	4,406	2,314	24.1	4.6	17/02/03
17.01-03	111,223	-5,231	-5,607	-1,871	-19.4	-4.7	17/05/09
19.07-09	115,876	14,497	13,425	9,975	103.5	12.5	19/11/05
19.10-12	111,835	8,446	7,070	4,803	49.9	7.6	20/02/07
20.01-03	112,015	-1,827	-3,267	-6,892	-71.5	-1.6	20/05/25
20.04-06	98,097	-5,254	-7,416	-5,671	-58.9	-5.4	20/08/07
20.04-06	98,097	-5,254	-7,416	-5,671	-58.9	-5.4	20/08/07
20.07-09	110,849	13,454	12,469	7,945	82.5	12.1	20/11/06
20.10-12	108,639	8,462	8,381	4,753	49.3	7.8	21/02/05
21.01-03	109,946	-3,573	-4,174	-3,905	-40.5	-3.2	21/05/11
前年同期比	-1.8	赤拡	赤拡	赤縮	赤縮		(%)
△閉じる							

※プレミアム会員向け画面

り行われたかどうかを精査していく必要があります。

おそらくこの先10年〜20年は、新型コロナウイルスで株式市場が暴落した2020年も、常に振り返って参照する年になるでしょう。

私が好むノンシクリカル銘柄の例として、最近購入した燦ホールディングス（9628）の業績を見ていきましょう。同社は複数の葬儀社を傘下に持つ持株会社です。葬儀需要は基本的に景気と関係なく発生するので、業績には会社固有の稼ぐ力が素直に表れています。

2021年3月期は新型コロナウイルスの蔓延により、人を集める葬儀が自粛された影響で業績を落としていましたが、それまでは長期・右肩上がりに業績を伸ばしていました。同社の3カ月決算を見ると、2020年4－6月期、7－9月期はコロナの影響を受けて前年同期で大幅な減益となっていますが、10－12月期は、コロナの影響にも関わらず利益ベースでは前年同期とほぼ遜色ない数字が出ていました（図37）。しかも株価はコロナ後の安値水準にあったことから、買い付けを行っています。

続いて3カ月決算を見ていきます。

実は3カ月決算の表示に『株探』の大きな優位性があります。

『株探』は、3カ月の業績を「累積」でなく「単期」で表示している点が特徴です。単期の数値は直近足元の業績であり、これを一目で確認できるのは非常に便利なことなのです。

例えば例年、第1四半期の業績はあまり伸びないが、第2、3四半期の業績は好調となる傾向の企業があるとします。

企業が公開する決算短信では、通常は四半期決算の業績は累積の数値で表記されています。すなわち、第3四半期の決算短信では9カ月分の業績が表記されているので、決算短信を見ただけではこの会社の業績に強い季節性が影響していても、わかりません。業績の季節性による変化を知っておくと、それを利用して売買のタイミングに活かすことができるため、本来はぜひとも知っておきたい情報です。

ベネッセホールディングス（9783）の例を見てみましょう（図38）。同社の場合は、1－3月が明確に弱い期に該当します。また、燦ホールディングスと同様、2020年4－6月期、7－9月期は、やや落ち込んでいましたが、10－12月期に前年同期で業績回復が見え始め

■図38 ベネッセホールディングスの四半期決算

3カ月決算【実績】 業績推移 New! 成長性 4Q 1Q 2Q 3Q 4Q

決算期	売上高	営業益	経常益	最終益	修正1株益	売上営業損益率	発表日
▽閉じる							
16.04-06	105,607	−718	−1,420	−2,965	−30.8	−0.7	16/08/01
16.07-09	106,904	8,733	8,166	6,079	63.2	8.2	16/10/31
17.01-03	111,223	−5,231	−5,607	−1,871	−19.4	−4.7	17/05/09
17.04-06	108,980	1,237	564	−48	−0.5	1.1	17/08/03
17.07-09	112,614	10,404	9,603	6,246	64.9	9.2	17/11/06
17.10-12	105,375	5,520	5,068	13,602	141.3	5.2	18/02/09
18.01-03	107,528	−4,535	−5,982	−7,403	−76.9	−4.2	18/05/10
18.04-06	102,918	−2,270	−2,913	−2,357	−24.9	−2.2	18/08/07
20.04-06	98,097	−5,254	−7,416	−5,671	−58.9	−5.4	20/08/07
20.07-09	110.849	13.454	12.469	7.945	82.5	12.1	20/11/06
20.10-12	108.639	8.462	8.381	4.753	49.3	7.8	21/02/05
21.01-03	109,946	−3,573	−4,174	−3,905	−40.5	−3.2	21/05/11
前年同期比	−1.8	赤拡	赤拡	赤縮	赤縮		(%)
△閉じる							

※プレミアム会員向け画面

ました。その一方で、株価評価もコロナ後安値水準だったことから、燦ホールディングスと同様、買い付けを行っています。燦ホールディングスとベネッセホールディングスは結果的に、3カ月後に発表された翌年度（今期）の会社予想も一定程度改善し、株価的にもまずまず評価されました。

ここに、四半期ごとの決算数値が一覧で見られ、企業業績の季節性も把握しやすいという、『株探』ならではの強みがあります。

最後に、通期業績と3カ月業績の使い分けについてご説明します。

企業固有の稼ぐ力など、長期的な企業のファンダメンタルズを検討するときは、1株純資産や自己資本、および通期の業績を長い期間で見ていきます。安定成長路線に乗っているかどうか、景気に左右される企業でないかどうかを確認するためです。

決算直後に銘柄のファンダメンタルズを確認する際には、3カ月決算が適しています。足元3カ月の業績が良い場合は、その後の3カ月～半年くらいまで好業績が続く可能性が高いと考えているからです。

これは単にアノマリー（根拠はないがよく観察される経験的な法則）として利用するということではありません。足元3カ月の業績が良かった企業については、その要因を決算短信や決算説明資料を見て確認し、それが続きそうなら購入の検討に入ります。

このように、数値を確認して季節性に収まる範囲で成長していればOK、異常値が出た際には要因を精査し購入に値する銘柄かどうかのあたりをつけるという、一つの手がかりとして3カ月決算を利用しています。

「操作できない」キャッシュフロー

決算タブではほかにも、キャッシュフロー推移も見ています。

キャッシュフロー（CF）とは「お金の流れ」のことです。企業に現金収入があれば「キャッシュイン」、現金支出があれば「キャッシュアウト」と言い、キャッシュフローはキャッシュインからキャッシュアウトを差し引いたものです。キャッシュフローがマイナスである場合、

■図39 燦ホールディングスのキャッシュフロー推移

キャッシュフロー(CF＝現金収支)推移　New!

通期

決算期	営業益	フリーCF	営業CF	投資CF	財務CF	現金等残高	現金比率
			▽閉じる				
2000.03	1,150	2,837	1,790	1,047	−2,828	3,834	15.41
2001.03	1,296	733	1,710	−977	−711	3,857	15.27
2002.03	888	569	962	−393	−102	4,323	17.47
2003.03	1,063	548	1,312	−764	−573	4,298	17.43
2014.03	1,638	1,332	1,587	−255	−920	3,972	15.14
2015.03	2,018	897	2,598	−1,701	−1,108	3,760	14.06
2016.03	1,739	−444	2,002	−2,446	−485	2,831	10.47
2017.03	2,019	146	2,242	−2,096	−364	2,612	9.34
2018.03	2,658	2,567	3,551	−984	−397	4,781	15.85
2019.03	2,940	1,414	2,695	−1,281	−583	5,611	17.91
2020.03	3,091	2,498	3,267	−769	−1,681	6,427	20.16
2021.03	2,550	1,110	2,093	−983	−498	7,038	21.73

※プレミアム会員向け画面

企業から現金が流出していることを示すので、好ましくない状態であると言えます。

『株探』のキャッシュフロー推移では、「フリーCF」と「営業CF」を見ています（図39）。

フリーCFとは、営業CF（営業活動で発生した現金収入・支出の合計）から投資CF（設備投資などによる資金流出と有価証券の運用による現金の増減）を差し引いたものです。2つのキャッシュフローを合計したフリーCFは、企業が将来のために自由に使える資金を表すため、非常に重要な指標です。安定成長企業としては、「フリーCF」が少しずつでも増加していることが望ましい状態と言えます。

営業CFについては、業績の上では利益は上がっているものの、「営業CF」が安定していなかったり、マイナスだったりという企業は避けるようにしています。利益と営業CFがどうもつじつまが合わないというような場合です。

その理由として、「利益は操作可能だがキャッシュフローは操作できない」ことがあります。例えば企業の決算をまとめる際に、営業利益が業績予想を下回る不調に陥ったとしても、資産を売却する等の手段で純利益を増やすことは可能です。資産売却は将来の利益を上げるための元手を手放していることになり、純資産の推移を重視する私の投資方針にも合致しないので、望ましくありません。

一方、キャッシュフロー計算書は、お金の流れをそのまま記録するものなので、経営陣の裁量で数字を作ることはできません。事業の状態が良くも悪くも素直に表れてしまうのがキャッシュフローなのです。

過去の経験ですが、利益とキャッシュフローの不一致がどうにも気にかかり、決算短信等に当たったものの、きな臭さが解消されず、結局投資を見送った企業がありました。その企業はその後、上場廃止に追い込まれています。もちろん、百発百中の視点ではありませんが、投資のリスクを下げるためには有益な見方だと思っています。

業績欄では、修正履歴も大まかに確認しています。上方修正・下方修正の履歴に、経営陣の保守性・強気さが表れているからです。たびたび上方修正を繰り返す企業は、経営陣が業績予想を保守的に見積もるクセがあるので、業績予想の数値は常にパッとしないものです。これはこれで、最終的な業績は高く持ち上がってくるので、必ずしも悪いわけではないのですが、こうしたクセが短期的な株価形成に与える影響は把握しておく必要があります。

上方修正が常習化している企業が、決算直前に『株探』のニュース等で注目銘柄に挙げられていたり、すでに株価が短期間で上昇したりしている場合は、その銘柄への投資は避けるようにしています。というのも、通期決算が発表される前に株価が上がっているということは、すでに次の期の業績予想が織り込まれているからです。

そこでこの企業の「いつものクセ」が出て、弱気な業績予想が公開されてしまうと、経営陣のスタンスを把握せずに提灯をつけただけの投資家は、勝手に幻滅して持ち株を売りに出します。当然株価は下がります。ただし、ここでこの企業の経営陣が保守的であるということを事前に把握していれば、「弱気予想を受けて株価が下がったところを逆手に取って安く仕込む」ことも可能になります。そのため、普段から気にかけている銘柄については、修正履歴を見るクセも付けておくとよいでしょう。

私が考える『株探』のもっともよい点は、情報が1カ所に集まっているところです。特に決算ページで収益および財務の時系列情報が一目で分かる点は、使いやすくできていると思います。

スマホ、パソコンで手軽に情報を取れるのが便利ですし、いちいちログインする手間をかける必要がないのも、使いやすさを大いに高めています。「銘柄名　『株探』」で検索すれば、すぐ個別ページにたどり着けるのは、類似サービスと比べて非常に優位性が高いと思います。

第3章

ファンダメンタルズ＆テクニカルで『株探』を使い倒す

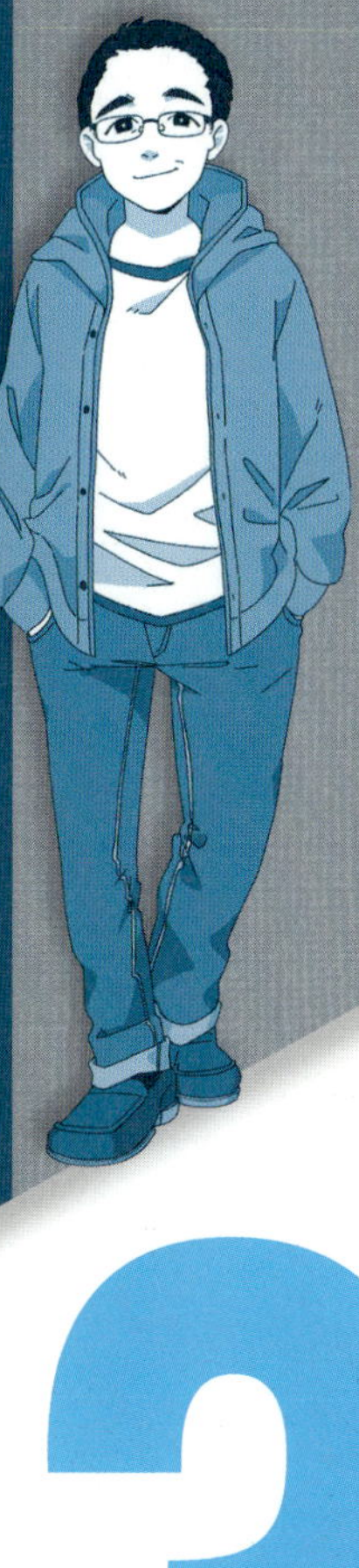

DAIBOUCHOUさん

かつて200万円を10億円に「大膨張」させた伝説の投資家・DAIBOUCHOUさんは、現在、小型成長バリュー株の発掘に『株探』を活用している

DAIBOUCHOUさんの『株探』活用術

私は『株探』を毎日必ずチェックしていますが、私にとっては株式投資を行う上でのごく当たり前のツールなので、わざわざ「『株探』を開いて見る」という感覚ではありません。気になった個別銘柄の情報を入手したときや、『株探』の「市場ニュース」の中に気になるニュースや銘柄情報があると、手が勝手に動いてその銘柄の株価チャー

使うのはここ!

トップページ→決算速報のタブ→各企業の決算ページ

トを開いているという感覚です。

チャートを確認した後は決算ページに移り、短期・長期のつき合わせへと進んでいくわけですが、『株探』は非常に多機能なので、採用している投資手法によって見るページも見方もまったく変わってきます。

DAIBOUCHOU(だいぼうちょう)

投資歴約20年の専業投資家。2005年前後には200万円を一時10億円にまでDAIBOUCHOU(大膨張)させる。その後、リーマン・ショックで資産が半減するが、安定重視の資産分散投資にシフトして投資を続け、講演などでその知見を広めている。著書に『DAIBOUCHOU式 新・サイクル投資法』(宝島社)がある。

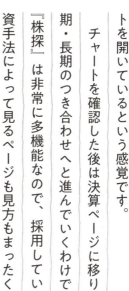

『株探』の長期チャート・業績欄で その銘柄の歴史的な動きも掌握して投資

「小型成長バリュー株投資」は『株探』に支えられている

私の投資手法である「小型成長バリュー株投資」の対象は、時価総額は100億円前後の銘柄が多く、流動性が低いものをねらいます。流動性が低い銘柄は証券会社・運用会社のアナリストのカバーが薄く、機関投資家の参入が少ないので、株価が業績のわりに安値に放置されていることが少なくありません。

このような「地味な銘柄」が「見つかる」ことで株価が上昇した際の利幅をねらっているので、ジャスダックやマザーズなどの新興市場に上場している銘柄にも積極的に投資しています。東証1部上場の銘柄は、ETFやインデックス投信の買いが自動的に入ることもあり、割安度は新興市場に上場している銘柄ほどではない場合もあります。ただ、そもそもの銘柄数が違うので、私のポートフォリオに占める割合では、やはり1部上場銘柄が中心になっています。

「バリュー株投資」と言ってはいるものの、旧来の「ボロ株投資」に近いような「資産バリュー」の手法と私の投資手法は異なります。

なぜなら成長性を「株価上昇のトリガー」として重視しているからです。キラキラ系よりは地味な銘柄を好んではいますが、見過ごされている銘柄の業績が着実に伸びていることが気づかれて、株価上昇につながるというシナリオを描けることが重要です。

海外景気を取り込むセクターよりは、分析がしやすい内需に基づいた事業である情報通信やサービス業などのセクターを重視します。その中で新しいことにチャレンジして伸びていこうとしている企業で、まだ気づかれず株価が割安な銘柄を、日々の『株探』巡回をはじめとするルーティンの中から探索していきます。個別銘柄のファンダメンタルズ分析に基づく投資です。

成長はEPS（1株当たり利益）の伸びで判断します。一般的には売上が伸びている会社が成長企業とされることが多いのですが、私の手法では量の拡大だけでなく質の向上、すなわち収益性の向上を成長性と考えています。収益性の向上はつまり1株当たり利益の増加なので、その理由は増益であっても自社株買いであってもかまいません。売上を伸ばし、利益率を高め、さらに自社株買いをしてくれればベストです。

投資期間は半年をめどとします。おおむね半年以内で見つかり、株価の上昇が見込める約100銘柄に分散投資しているので、いわゆる長期投資というよりは中短期のイメージに近いと言えるでしょう。

半年たっても株価が上がってこない銘柄は切ってしまうこともありますし、業績が良くなっていればホールドすることもあります。将来は有望だがこの半年では芽が出ないかもしれないという銘柄は目を付けておき、観察を続けてめどが立った時点で買いに入ります。

このような私の投資手法を支える、『株探』の使い方をこれからお伝えしていきます。

時間軸を変えてチャートを見ることがとても重要

個別銘柄の基本情報ページにある当日の株価ラインチャートをクリックすると、株価チャートのページに遷移します。株価の下に並んでいるタブ「チャート」をクリックしても同様です。チャートの上に選択項目が並んでおり、「期間」でローソク足の単位を変更できます。1分足を選択すると当日のチャート、5分足を選択すると5日分というふうにチャートの期間が変わっていきます。最大単位の年足を選ぶと、例えばトヨタ自動車（7203）であれば1949年1月からの超長期チャートを見ることができるので、現在の株価が歴史的にはどの程度の位置にあるのか、過去の経済イベントで株価がどう動いたのかなど、一目瞭然です。

株価チャートと「決算」タブで確認できる通期・3カ月の業績に加え、企業が発表する月次開示などとつき合わせ、売上やEPSを把握・推定していきます。株価の長期のトレンドや、後述する「ヒストリカルPER」を見て、ときには1分足で当日の値動きも確認します。

この「時間軸を変えてチャートを見る」ことがとても重要です。短期のチャートを見て勢いよく上がっているように見えても、実際には長期低落後の小反発でしかなく、腰の弱い回復に終わってしまうといったケースが少なくありません。業績と株価の「歴史をふまえた見立て」と、「直近の変化と勢い」の両方を把握した上で戦略を立てる際に、『株探』が非常に役立っています。具体的な見方を、私が今、保有している青山商事（８２１９）を例に解説していきます（図40）。

日足のチャートを見ると、昨年末の終値５３７円から3月22日の９５９円まで勢いよく上がり、その後レンジ相場入りしています。日経平均などのインデックスと比べても値動きは上々です。ところが、より長期間で見るとまったく印象が変わります。

株価チャートを月足に切り替えて、リーマン・ショック時の底から表示しています。２０１５年8月に５２２０円の高値、２０１８年2月に４５１５円の戻り高値を付けて以降の急降下は目も当てられないほどです。アベノミクスの上昇分をまるまる失い、新型コロナウイルスもろに被弾して昨年11月に４４６円の安値を叩きました。そこから約2倍の上昇と言えば聞こえはいいですが、歴史的に見れば「焼け石に水」程度の上昇にすぎません。チャートの期間を変えることで、同じ銘柄でもこれほど印象が変わるのです。

しかし見方を変えれば、過去に戻れるくらいの回復が見込めるなら2倍になったとはいえまだまだ安い、というふうにも考えられます。この点を念頭に置き、決算ページを見て、過去の業績とＥＰＳ、そのときの株価を確認していきます。視覚情報であるチャートと、事業性や数

■図40　チャートの期間を変えると印象が変わる

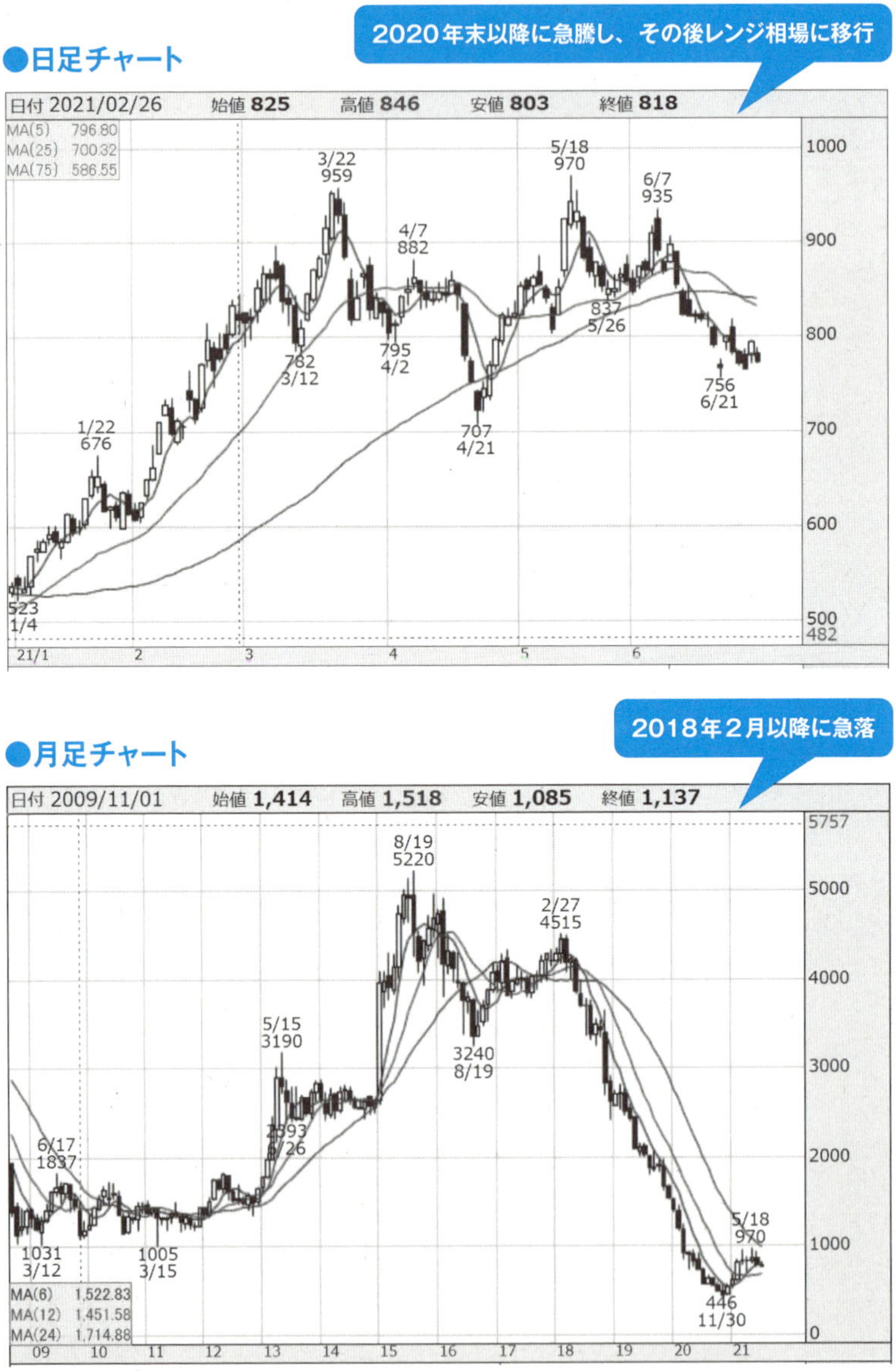

青山商事(8219)

値の情報であるファンダメンタルズのつき合わせを行っていくわけです。

『株探』のチャートは非常に高機能なうえ、使いやすくできています。もっとも良いところは「表示期間を調整できる」ことでしょう。プレミアム会員であれば日足でも1999年からの長期チャートを表示することが可能で、しかも途中の期間のみ、例えば2000年～2002年に区切って表示させることも可能です。株価チャートがこれほど詳細で自由自在に使えるサービスは、『株探』のほかにはちょっと思いつきません。

例えばリーマン・ショックのころ、ITバブルのころなど、過去の大規模な経済ショックや株式市場の崩落の際に、その銘柄の株価と業績がどのように推移したかを把握することもできます。過去の業績相場・金融相場などの相場つきではどのような動きを示したかなど、歴史から学ぶことは投資家の基本と言えます。

25年分の通期決算と5年分の3カ月決算を活用

個別銘柄ページの「決算」の見方についてお話しします。プレミアム会員になると、25年分の通期決算と5年分の3カ月決算を見ることができます（図41）。

長期の決算を見ることで、その銘柄が景気に連動して業績が大きく伸び縮みする「シクリカル」銘柄なのか、景気との連動性が低く安定して伸びていく銘柄なのかを判断することができます。

私は基本的に、シクリカル銘柄には投資しないことにしています。シクリカル銘柄の場合、その企業固有の実力や成長力より、商材やサービスの需給が外国の景気や国内のマクロ経済に左右されることが多いためです。外部要因によって利益の額が大きく変わってしまうことが当たり前の世界なのです。

25年間の業績推移を見る意味は、「調子のよかった時期」や「景気サイクルや経済ショックの影響と乗り越えた方策」などを知ることができるからです。ITバブルやリーマン・ショックのような〝超ド級〟の経済ショックにおいて、その銘柄がどのようなダメージを受け、いかに回復させてきたかを知るには、できるだけ長期の推移を見ていく必要があります。直近数期だけ見たイメージと、長期で見たイメージが違うことはよくあるので、「未来の予習は長期の歴史を知ることによってできる」と考えるのが良いと思います。

株価の割安・割高を判断する指標にPER（株価収益率）があります。ある企業の利益が一時的な外部要因によって大きく伸びることが見込まれる場合、（予想）PERは株価をEPSで割って算出するため、株価の水準が変わらず利益が伸びれば、PERは下がって割安ということになります。

しかし投資対象として厳密に考えるなら、マクロ経済の調子が良いときと悪いときの平均で見た「本来の実力に基づくPER」で考えるべきでしょう。むしろ一時的な「まぐれのPER」

■図41 25年分の通期決算と5年分の3カ月決算

●25年分の通期決算

今期の業績予想

通期　業績推移　修正履歴　New! 成長性　New! 収益性　1Q　2Q　3Q　4Q

	決算期	売上高	営業益	経常益	最終益	修正1株益	1株配	発表日
	▽閉じる							
単	1998.03	161,931	17,524	20,012	9,947	136.7	35	98/05/14
単	1999.03	162,201	16,234	18,882	3,714	51.7	40	99/05/13
連	2000.03	161,658	12,004	17,703	3,238	45.3	35	00/05/23
連	2001.03	148,488	5,651	6,934	1,951	28.6	35	01/05/10
連	2002.03	161,353	7,615	8,288	3,721	56.3	35	02/05/10
連	2003.03	176,075	12,784	13,277	6,392	94.8	35	03/05/16
連	2004.03	186,400	16,570	17,376	8,317	123.8	40	04/05/20
連	2005.03	195,968	20,142	20,696	4,650	70.8	40	05/05/13
連	2006.03	202,720	21,795	29,314	13,328	199.8	45	06/05/18
連	2007.03	213,703	22,929	24,477	11,524	175.4	50	07/05/11
連	2008.03	214,556	23,762	20,620	7,813	122.3	50	08/05/09
連	2009.03	206,594	17,884	19,650	7,071	111.2	45	09/05/08
連	2010.03	194,614	14,785	13,437	5,599	88.1	40	10/05/07
連	2011.03	193,246	13,551	10,515	2,805	44.1	40	11/05/13
連	2012.03	200,038	18,273	19,226	9,097	143.2	40	12/05/11
連	2013.03	212,400	21,267	24,635	12,621	204.7	60	13/05/10
連	2014.03	222,139	22,590	24,650	12,962	214.8	90	14/05/09
連	2015.03	221,712	19,028	21,683	12,807	221.6	75	15/05/08
連	2016.03	240,224	21,336	21,639	11,869	218.1	155	16/05/13
連	2017.03	252,777	20,210	21,084	11,568	220.1	165	17/05/12
連	2018.03	254,846	20,591	21,311	11,461	224.8	170	18/05/11
連	2019.03	250,300	14,629	15,611	5,723	114.3	105	19/05/10
連	2020.03	217,696	818	1,530	−16,900	−338.4	50	20/05/15
連	2021.03	161,404	−14,404	−11,436	−38,887	−781.3	0	21/05/14
連 予	2022.03	182,500	4,000	4,600	3,000	60.3	−	21/05/14
	前期比	+13.1	黒転	黒転	黒転	黒転		(%)
	△閉じる							

は過去最高　※最新予想と前期実績との比較。予想欄「−」は会社側が未発表。

1998年3月期〜
2022年3月期（予想）

●5年分の3カ月決算

3カ月決算【実績】　業績推移　New! 成長性　4Q　1Q　2Q　3Q　4Q

決算期	売上高	営業益	経常益	最終益	修正1株益	売上営業損益率	発表日
▽閉じる							
16.04-06	59,605	3,988	3,849	2,389	44.9	6.7	16/08/12
16.07-09	46,535	−864	−772	−737	−13.9	−1.9	16/11/11
16.10-12	65,683	5,014	5,866	3,562	67.5	7.6	17/02/07
17.01-03	80,954	12,072	12,141	6,354	120.9	14.9	17/05/12
17.04-06	60,322	4,575	4,873	2,911	56.4	7.6	17/08/10
17.07-09	48,116	−1,032	−943	−916	−17.8	−2.1	17/11/10
17.10-12	65,438	5,401	5,651	3,070	60.0	8.3	18/02/09
18.01-03	80,970	11,647	11,730	6,396	125.5	14.4	18/05/11
18.04-06	58,507	3,103	3,395	1,703	33.9	5.3	18/08/10
18.07-09	46,685	−2,042	−1,809	−1,826	−36.4	−4.4	18/11/09
18.10-12	63,222	2,903	3,140	563	11.3	4.6	19/02/08
19.01-03	81,886	10,665	10,885	5,283	105.5	13.0	19/05/10
19.04-06	55,821	1,247	1,478	−4,150	−83.0	2.2	19/08/09
19.07-09	46,061	−2,804	−2,636	−2,319	−46.4	−6.1	19/11/08
19.10-12	54,349	−492	−248	−1,758	−35.2	−0.9	20/02/07
20.01-03	61,465	2,867	2,936	−8,673	−173.7	4.7	20/05/15
20.04-06	28,880	−7,448	−7,207	−9,213	−185.1	−25.8	20/08/07
20.07-09	32,185	−6,403	−5,699	−7,725	−155.2	−19.9	20/11/10
20.10-12	44,684	−1,777	−471	−1,185	−23.8	−4.0	21/02/12
21.01-03	55,655	1,224	1,941	−20,764	−417.2	2.2	21/05/14
前年同期比	−9.5	−57.3	−33.9	赤拡	赤拡		(%)
△閉じる							

2016年4-6月期〜
2021年1-3月期

青山商事（8219）　※プレミアム会員向け画面

を見て割安だと喜んで投資するのは、得策ではありません。

シクリカル銘柄の中でも極端なケースでは、PERが5倍くらいのとき割安と判断され、買われることもあります。しかし瞬間風速の業績につられて買っても、後でその銘柄特有のシクリカリティによって業績が悪化したら、期待が剝落して株価が下落してしまう可能性は小さくありません。

もしシクリカル銘柄を買う場合は、外部要因を自分で取り除き、本来の実力を見極めて買い時を判断する必要があります。マクロ経済に加え、その企業の内部事情や成長性も併せて予測がつくレベルで観察眼を磨いていける人でなければ、シクリカル銘柄をタイミングよく売買し利益を出すことはできません。

しかし、約100銘柄に分散投資をしている私のような個人投資家には、マクロ経済まで精緻にフォローする時間はありません。説明が少し長くなりましたが、シクリカル銘柄に手を出すべきではないと考えているのはそのためで、むしろ自分の得意なことに固執するほうが得策だと思っています。

私は『株探』の個別銘柄・決算のタブで、3カ月決算をチェックし、業績が継続的に伸びている銘柄がその後も堅実に成長を続け、いずれ他の投資家に見つかることを期待して仕込みます。シクリカル銘柄だと業績の上下動がつきものですから、私の手法が通用しませんし、PERが低いときは業績がピークに達しており、そのタイミングで以前から仕込んでいる投資家の売りが出やすくなります。私はごく単純に、その企業自体の創意工夫・営業努力が反映されやすいビジネスであること、それが有望で今後の伸びが期待できることを重視し、マクロ経済や市場のトレンドになるべく影響されない企業から、投資対象を選別しています。

ここで具体例として、先ほども触れた「洋服の青山」こと青山商事を例にとり、説明していきます。

買いの決断まで『株探』の情報で一気通貫

本来、私の投資対象は「成長が株価上昇の原動力となる割安銘柄」なのですが、青山商事については若干イレギュラーな側面があります。

スーツ業界はすでに成熟しており、改めてこの先市場がどんどん成長していくイメージはありません。加えて新型コロナウイルスの感染拡大によってリモートワークが奨励されて以降、スーツの需要は激減しています。

いわば頭打ち業界に属するプレイヤーが、新型コロナウイルスの感染が収まらない中でいかに状況に適応し、出血を食い止めるか、さらにはワクチン接種の進展による収束のタイミングを見据えてどのように復活していけるかというのは、まさに青山商事の施策次第です。

定性的な見方として青山商事の取り組みと、定量的な見方として業績の推移と業績予想・月次を細かく見て分析していくことで、青山商事の株価が割安なのかどうかの判断ができます。

青山商事に着目したのは、少し前に『株探』で上昇銘柄を見ていたときに、航空券販売大手のエアトリ（6191）をはじめとする「アフターコロナ銘柄」がその多くを占めているのに気づいたことがきっかけです。

アフターコロナという皆に注目されやすいテーマで、かつ株価が出遅れている銘柄を調べていき、青山商事に目を付けました。先ほど見た通り、長期低落傾向にあるが直近では上昇気流に乗っているというチャートの形状は私好みですし、個人投資家仲間で注目しているかぶ1000さんも保有されていました。

私は収益性の向上を割安（バリュー）判断の基礎においていますが、一般的なバリュー投資の着目点であるPBR（株価純資産倍率、株価を1株当たり純資産で割って算出）が0・25倍という激安水準にあったのは、さすがに見過ごせませんでした。

表面的な部分を確認し検討すべき対象と判断して、同社のウェブサイトをチェックしました。

青山商事の本業はスーツ販売です。すでに頭打ちの業界で、同社は生き残りをかけて販売チャネルの刷新を推進していました。「THE SUIT COMPANY」「UNIVERSAL LANGUAGE」など、既存の「洋服の青山」とは異なるブランドを拡大し、若者層へのセールスに努めている点は評価できます。

新型コロナウイルス対応としては、同社の保有する店舗不動産の活用策として、物語コーポレーション（3097）が運営する「焼肉きんぐ」のフランチャイズ展開、合鍵作製や靴の修繕を行うミスターミニットの出店拡大を行っています。生き残りをかけてなりふり構わず取り組む姿勢は買えます。並行して大規模希望退職の募集をはじめとするリストラにも着手していました。人件費の負担をここで一挙に軽くし、コロナ後の強味となるスリム経営にシフトしていると考えられます。

3カ月決算に、IRで発表される月次開示の数値を連結すると、売上高の予想が立ちます。想定売上高を過去の業績に当てはめることで、簡易的ではありますがEPSのあたりを付けることができるのです。

同時に、通期予想から上期予想を差し引いた下期予想も想定します（図42）。非常に単純な作業ではありますが、経営陣が昨年に比べて業績が著しく回復すると見込んでいることがわかります。上期（2021年4月～9月）は新型コロナウイルスの収束がまだ見通せないため、業績回復は限定的だが時間が経つにつれ先の業績は明るいという予想が立ちます。

財務については、決算のページの「財務」から、1株あたり純資産や自己資本比率を確認できます。

純資産、自己資本のいずれも2020年、2021年と年を追うごとに減少しているものの、アフターコロナ銘柄と言われる企業の中では、老舗だけあって財務の痛みは比較的抑えられているのも好感が持てます。

■図42 通期予想から上期予想を引いて下期業績を予想

通期予想

今期の業績予想

通期 業績推移 | 修正履歴 | New! 成長性 | New! 収益性 | 1Q | 2Q | 3Q | 4Q

	決算期	売上高	営業益	経常益	最終益	修正1株益	1株配	発表日
		△1998年3月期～2017年3月期を表示						
連	2018.03	254,846	20,591	21,311	11,461	224.8	170	18/05/11
連	2019.03	250,300	14,629	15,611	5,723	114.3	105	19/05/10
連	2020.03	217,696	818	1,530	−16,900	−338.4	50	20/05/15
連	2021.03	161,404	−14,404	−11,436	−38,887	−781.3	0	21/05/14
連 予	2022.03	182,500	4,000	4,600	3,000	60.3	−	21/05/14
	前期比	+13.1	黒転	黒転	黒転	黒転		(%)
		▽1998年3月期～2017年3月期を表示						

は過去最高　※最新予想と前期実績との比較。予想欄「－」は会社側が未発表。

過去最高 【実績】

	売上高	営業益	経常益	最終益	修正1株益
過去最高	254,846	26,768	30,680	15,926	246.1
決算期	2018.03	1994.03	1994.03	1994.03	1991.03

半期 上期業績 | 修正履歴 | 1Q | 2Q | 3Q | 4Q

決算期	売上高	営業益	経常益	最終益	修正1株益	1株配	発表日
18.04-09	105,192	1,061	1,586	−123	−2.5	50	18/11/09
19.04-09	101,882	−1,557	−1,158	−6,469	−129.4	50	19/11/08
20.04-09	61,065	−13,851	−12,906	−16,938	−340.3	0	20/11/10
予 21.04-09	74,800	−6,300	−6,040	−6,700	−134.6	−	21/05/14
前年同期比	+22.5	赤縮	赤縮	赤縮	赤縮		(%)

青山商事(8219)

上期予想

通期予想 － 上期予想 ＝ 下期予想

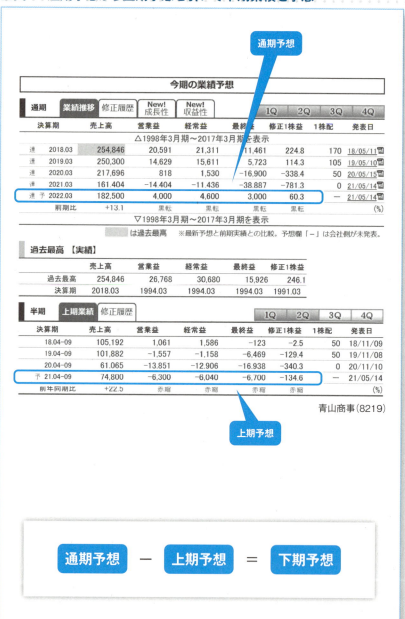

先にふれた店舗不動産の活用事例から、青山商事を「不動産時価1000億円を保有する不動産会社」と仮定します。不動産からの上がりを少なめに見て、利回り2%で回るなら20億円の利益が上げられる計算です。

同社の規模に照らしてそう大きな金額とは言えませんが、2%という想定は控えめにしていますし、何としてでも赤字を縮小したい局面で、たとえ利幅が薄くても利益が出せる資産を保有しているのは確かな強みです。

2021年3月期の決算短信において、2022年は通期で黒字転換を見込むガイダンスが出ました。この先も永遠にスーツが売れなくなってしまうということはないと思いますし、ワクチン接種が進展すればオフィスに戻る需要が盛り上がってきます。

コロナ以前の絶好調の時期と同水準まで回復しなくても、2020年3月期決算で大幅マイナスに落ち込んだEPSが100円程度まで戻ることが見込めれば、株価は上がっていくだろうと判断し、資金投下に踏み切りました。

投資した後に出た2022年の業績予想では、通期でEPSが60・3円に回復すると見込まれています。

着目するきっかけになった「上昇銘柄ランキング」から株価の短期・長期チャート、コロナ以前の収益・EPSの水準と業績予想、財務まで、すべて『株探』で得られる情報です。たった2ページにまとめられた情報を読み込むことで、ここまでの深掘りが可能となるのです。

大株主・ヒストリカルPER・修正履歴に着目する

『株探』の見どころは他にもたくさんあります。

「大株主」タブでは、プレミアム会員は3年分の大株主のラインナップと株式の保有割合、および自社の保有割合を確認できます（図43）。大株主の中でも、機関投資家の保有は自分の判断を補強するよい材料になるので、必ず確認します。

これは私個人の判断基準なのですが、株主の中に「光通信」があるとかなり安心感が増します。光通信はインターネット回線・電力・宅配水・保険などを主力とする事業会社ですが、投資目的での株式保有も積極的に行っています。

中小型株で光通信がある程度持っていると安心感があるというのは、裏を返せばしばしば「投資している企業がかぶる」ことによります。

サービス業に属する企業でＲＯＥ（自己資本利益率）が比較的高く、個人投資家でも事業内容がわかりやすく、ＰＥＲがおおむね20倍以下と比較的低く、配当を出す「成長バリュー」企業が多いのです。つまり、私と同じような基準で投資対象にバリューを見出していると思えるのです。光通信、および同社の創業者であり会長を務める重田康光氏の名前を見ると、私にとってはいい感じなのです。

■図43 大株主の顔ぶれを確認

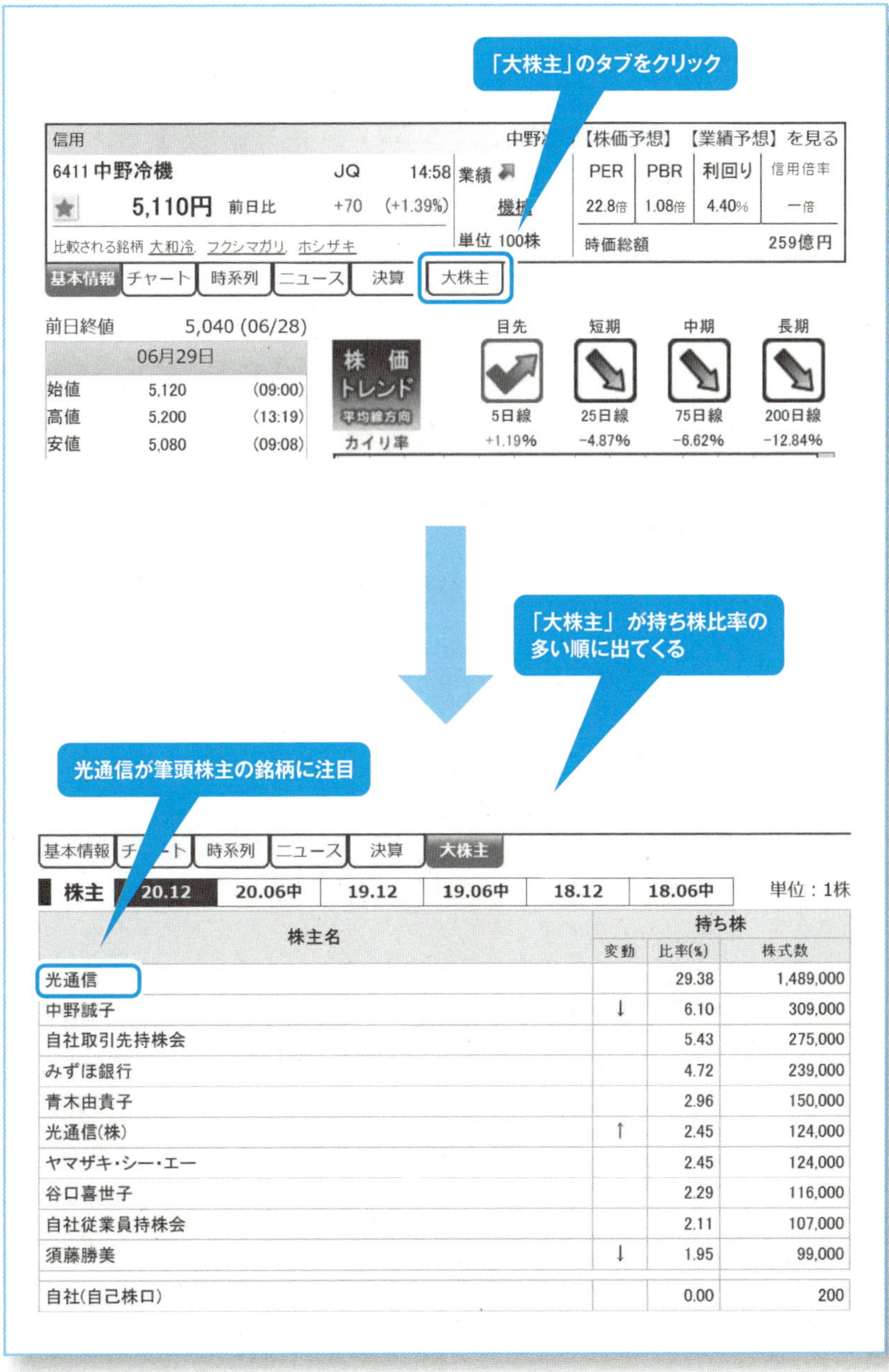

株主名	持ち株 変動	比率(%)	株式数
光通信		29.38	1,489,000
中野誠子	↓	6.10	309,000
自社取引先持株会		5.43	275,000
みずほ銀行		4.72	239,000
青木由貴子		2.96	150,000
光通信(株)	↑	2.45	124,000
ヤマザキ・シー・エー		2.45	124,000
谷口喜世子		2.29	116,000
自社従業員持株会		2.11	107,000
須藤勝美	↓	1.95	99,000
自社(自己株口)		0.00	200

ほかに気にかけている有名個人投資家に五味大輔氏がいます。中学生から株式投資を始め、資産は２００億円を超えると言われる長期投資家です。

あとは旧村上系ファンドです。資産バリュー株との相性が良く、上昇の要因になりやすいので注目しています。最近の例では、西松建設（１８２０）が旧村上系ファンドの保有をきっかけに株価が一本調子で上昇しました。

旧村上系ファンドは経営者に対し経営効率改善や増配の要求をする「アクティビスト」として知られています。企業価値を上げ配当を増加させていくとなれば、その企業に株価上昇の期待が生まれ、提灯をつける投資家が群がるのは必然です。

読者の方も大株主タブをちょくちょくチェックして、ご自分にとっての光通信を見付けられるとよいと思います。

株価チャートの下に表示され、プレミアム会員が見られる「ヒストリカルＰＥＲ」は非常に重要です（図44）。

ヒストリカルＰＥＲの欄に、ラインで平均値が示されています。現在のＰＥＲが平均値以上であれば割高、平均値以下なら割安という一つの判断基準になりますが、推移を細かく見ていくといろいろなことがわかります。

連結会計のパッケージ・ソフトウエア販売を主力商品とするアバント（３８３６）を例にとります。ＰＥＲの平均値は20倍くらいですが、歴史的には地を這うようなＰＥＲ８～10倍の時

■図44 株価チャートとヒストリカルPER

アバント(3836)

期がありました。すでに成長が止まったとみなされ、売り叩かれたことでPERが低水準に落ち込んだわけです。

その後、再成長フェーズに入ることができた同社の株価は上昇し、投資家の期待を反映してPERも切り上がっていきました。あれよあれよという間にPER30倍くらいで評価されるようになり、現在ではPER40倍の堂々たる成長企業です。

上り坂・下り坂など、その企業の位置するステージについての投資家の評価や、機関投資家の大口購入などによってアバントのPERは切り上がっていきました。もちろん業績も伸びていましたが、PERが10倍から40倍へ4倍になったということは、単純にPER要因だけで株価を4倍に持ち上げる推進力があったということを表しています。

ヒストリカルＰＥＲを把握し投資家の期待が地を這っている時期に投資することができれば、うまくいくとこれほど大きな利幅を得ることができるという一例です。

次に業務用食品スーパーを全国展開する神戸物産（３０３８）を見てみましょう（図45）。２０１６年ごろにはＰＥＲ25倍程度で評価されていました。その後の業績悪化を受け、ＰＥＲが40倍前後に急上昇します。株価が動く前にＥＰＳが急落したため、ＰＥＲがイレギュラーな高い値を示したのです。その後株価が下落してＥＰＳに追い付き、ＰＥＲは10倍台前半で長く推移します。

２０１９年ごろから再び火がつき、投資家の期待が上がってＰＥＲは上昇一途となります。２０２０年３月以降は新型コロナウイルス蔓延による自宅消費ニーズを受け株価が急上昇し、連れてＰＥＲも急拡大。一時は60倍に迫りました。

このように、業績が一時的に落ち込むとＰＥＲが異常値を示す場合があるものの、通常はその企業が復調して継続的に成長していくであろうという見込みが立たないと、ＰＥＲは切り上がっていきません。できれば業績急落、つまりＰＥＲが異常値を示したところですかさず買いに入ることができればベストですが、その時点では回復・株価の戻りがわかっているわけではありません。

回復傾向が見えてきたところで仕込み、回復が継続している間保有を続けてできるだけ利幅を大きくするというのが順当な考え方でしょう。

■図45 ヒストリカルPERを詳しく見る

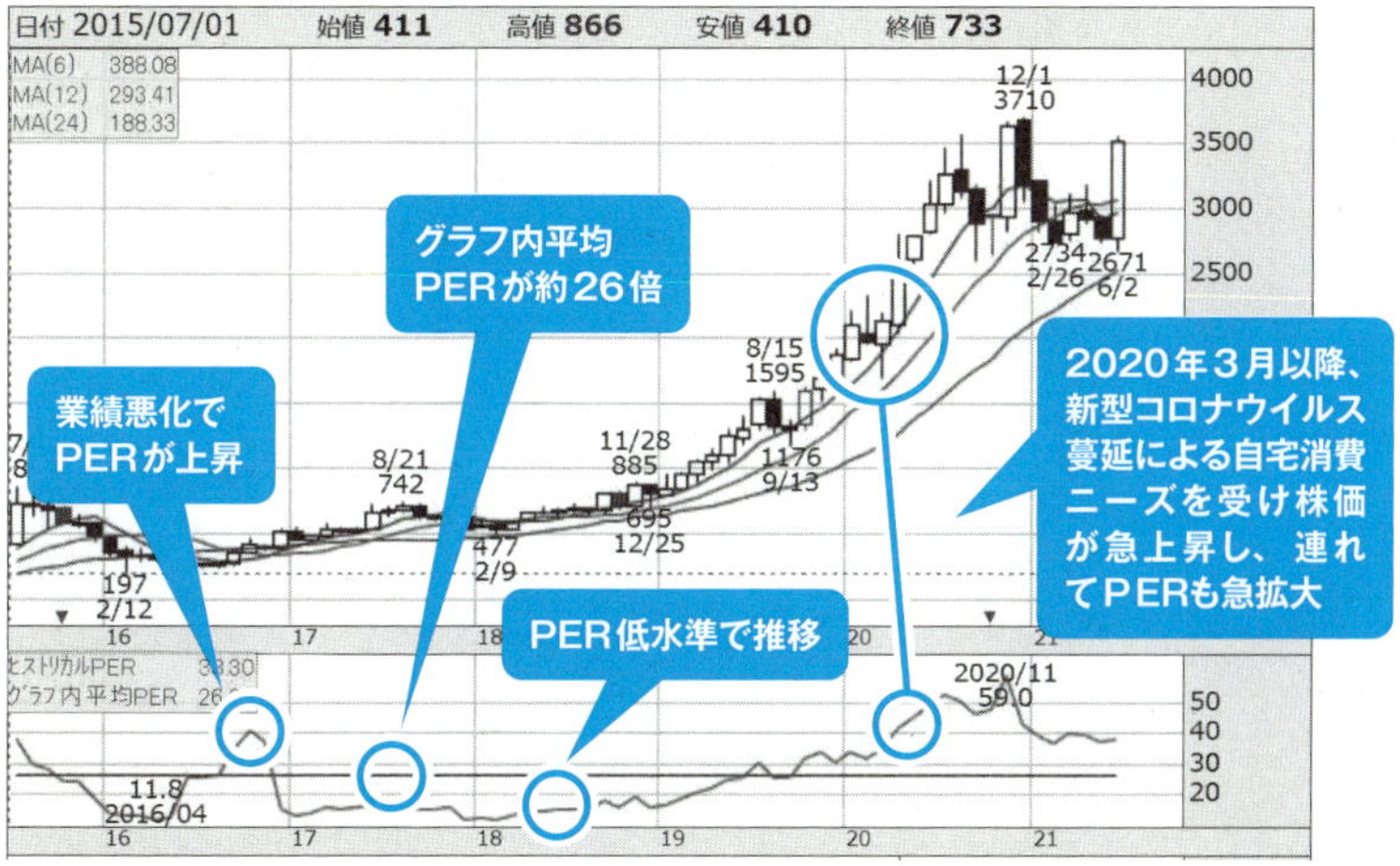

神戸物産（3038）

上方修正の出し方にも企業の特徴が現れる

「決算」タブから通期・半期業績の「修正履歴」を確認することができます。

上方修正する＝予想が慎重な企業、下方修正する＝強気な企業というふうに、決算における予想業績の出し方に特定の傾向が見られる企業が少なくありません。

修正履歴の出し方には、経営のディスクローズに関する経営者の態度や考え方が反映されています。予想を強気に出して全力達成を目指す若い企業があれば、サラリーマン社長に多いのですが、70%くらいのほどほどの予想を出し、残りの30%くらいを（決算のブレを鑑みた）バッファとして確保し、間違いなく達成できる数値を出していく企業もあります。

また、これは東証以外の証券取引所に上場している銘柄に多いのですが、予想をあえて低めに出し、上方修正を繰り返す企業があります。上方修正してから次の期の弱気予想を出すまでの期間が短いため、上方修正のインパクトが弱気予想に打ち消され、株価がなかなか上がっていきません。弱気の予想が株価によくない影響を与えているケースで、経営者には株価を上げる気がないのか？　と思ってしまうほどです。

一方で、例えば大体いつも前期比でプラマイゼロくらいの数値を出してくる企業が、＋10％くらいの強気な数値を出してきた際には、さらに上方修正して＋20％くらい行くかもしれない、というふうに読んだりします。

このように、業績修正の出し方の中に企業の「クセ」を読み取ることで、逆にその「クセ」を利用して大きな利益を得ることもできるわけです。

人気テーマ【ベスト30】からアイディアを拾えることも

市場の動向についても『株探』で簡単に確認することができます。「株価注意報」タブから「決算発表・業績予想を修正した銘柄」を見て反応を確認したり、その日に上昇した銘柄・下落した銘柄を「本日の株価上昇率（下落率）ランキング」で見たりして、市場の強弱を把握します。

「市場マップ」タブで見られる、セクターごとに上昇している銘柄を赤の強弱、下落している銘柄を青の強弱で示したマップ（図46）も参考になります。その日の上昇セクター・下落セクターが一目瞭然です。投資アイディアを得るという意味で市場動向の把握は重要です。というのも、最近は短期的な物色の動向に引きずられやすい相場になっていると感じているからです。「アフターコロナ」というわかりやすいワードが出ると、関連銘柄だけが急騰するといった具合です。

そういうときは市場の局面を逆手にとって、出遅れている銘柄を物色します。「人の行く裏に道あり花の山」という相場格言の通りです。また、過熱している周辺で出遅れている銘柄を探すこともあります。

その一例として最近、ソースネクスト（４３４４）に投資しました。新型コロナウイルスの影響で旅行・観光が完全にストップしたことで、通訳機「ポケトーク」や語学ソフト「ロゼッタストーン」を主な商材とする同社の株価は、大きく値を下げました。

アフターコロナとなれば、以前の程度には利益が回復するかもしれないという読みが立つはずですが、同社の株価はアフターコロナの勢いに乗り遅れています。２０２０年の頭に５００円程度だった株価が、１年半経過した現在でも３００円くらいにとどまっています。今後の利益回復と株価上昇に期待しています。

■図46 市場マップでセクターの動向を見る

株価動向分析（株価上昇・下落率など）や、バリュー分析（PER、PBRなど）、業績・財務分析（経常増減益率など）、情報配信分析（決算・業績修正など）の水準を色分けした市場マップ（分布図）が見られる。株式市場全体が俯瞰でき、市場・業種動向が一望できる。

東証一部上場企業の株価上昇・下落率をセクターごとにマッピングしたもの

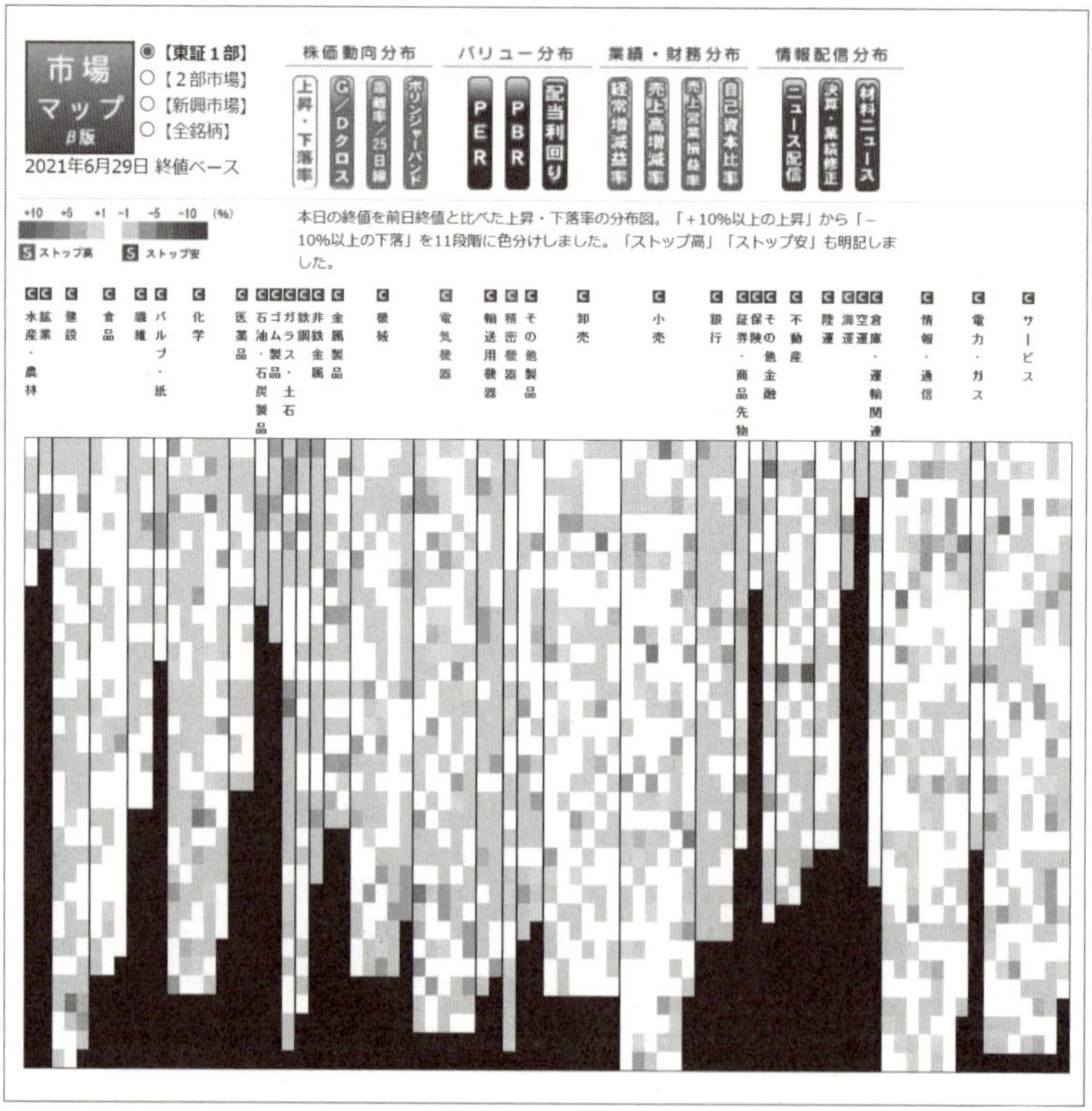

トップページの「人気テーマ」から「ベスト30を見る」をクリックすると遷移する「人気テーマ【ベスト30】」も物色の参考になります（図47）。

テーマ名、例えば「量子コンピューター」をクリックすると、「量子コンピューターが株式テーマの銘柄一覧」ページに切り替わります。私はここで、表組をPBRの高い順にソートすることをよく行います。

PBRは割安を示す指標で、「1倍以下なら割安」などとよく言われますが、裏を返せば、一般的にPBRが高い銘柄のほうが、市場に高く評価されている成長企業ということになります。

上位の銘柄を順に見ていくと、量子コンピューター関連銘柄の中でも、どんな商材・形態・特徴を持つ企業が注目され、業績が伸びているかがわかることもよくあります。逆にPBR上位はパスして出遅れ銘柄に目を付けることもあります。

特集記事から自身の投資スタイルを振り返る情報も

最近は『株探』プレミアム」会員限定コラムで公開されている「強い投資家はどんな人～日本株投資家3900人調査で解明！」シリーズはよく見ています。個人投資家のアンケート分析で、投資家の「平均値」がわかります。

コラムの中には「すご腕投資家に聞く」というシリーズもあります。「すご腕」というのは例えば100万円、200万円という単位の元手を1億円にしたような、文字通り「すご腕」の人たちですが、逆にそういう本当に成功したごく一部の人たちの手法は、他の人には真似できない＝再現性のない手法であることも少なくありません。

一方、この3900人調査のシリーズは、「それなりに」成功している投資家の方々の投資手法などを紹介しています。言葉は失礼かもしれませんが、「それなり」な分、比較的再現性のある手法を知ることができ、非常に参考になります。

「それなり」とは言いながら、この中にもすごい運用成績を上げている人たちもいます。例えば、日本株の運用額が1億円以上の「億マンさん」の数は100人おり、全回答者3920人の2・6％になるそうです。

このシリーズでは、この2・6％の人たちを、3回に分けて紹介していました。「億マンさん」のプロフィール、年代層、投資歴、投資以来のパフォーマンス、投資スタイル、今春およびコロナ暴落&反発があった2020年の運用成績、さらには彼らの最大含み益（損）の上位銘柄などなどを、データを交えて掲載しています。

このように着実に成果を挙げている一般個人投資家の投資行動や属性を、自身の投資スタイルや保有銘柄と比較することで、参考になる部分が多々ありました。このように、特集記事から参考になる情報を得ることもよくあります。

■図47 人気テーマを銘柄物色の参考に

人気テーマ（3日間のランキング）

1 パワー半導体
2 2021年のIPO
3 化粧品
4 半導体
5 脱炭素
6 半導体製造装置
7 全固体電池
8 旅行
9 ポストコロナ
10 量子コンピューター

ベスト30を見る

TOPページにある「人気テーマ」から「ベスト30を見る」をクリックすると、人気テーマのランキングが見られる。2021年6月末現在の人気テーマは「パワー半導体」「2021年のIPO」「化粧品」など。それぞれのテーマに関連した企業も掲載されている

人気テーマ【ベスト30】（アクセスランキング　3日間）
2021年06月30日 05時33分

1	パワー半導体	三菱電機、ローム、東芝
2	2021年のIPO	日本電解、Enjin、コンフィデンス
3	化粧品	資生堂、花王、Waqoo
4	半導体	ルネサス、ローム、富士電機
5	脱炭素	レノバ、岩谷産業、日本電信電話
6	半導体製造装置	東京エレクトロン、アドバンテスト、スクリン
7	全固体電池	トヨタ自動車、日立造船、三櫻工業
8	旅行	ANAホールディングス、エイチ・アイ・エス、アドベンチャー
9	ポストコロナ	エーザイ、日本航空、中外製薬
10	量子コンピューター	エヌエフHD、フィックスターズ、日本電信電話
11	産業廃棄物処理	クボタ、太平洋セメント、荏原
12	解体工事	コマツ、クボタ、神戸製鋼所
13	再生可能エネルギー	レノバ、テスホールディングス、オリックス
14	水素	岩谷産業、川崎重工業、三菱化工機
15	2020年のIPO	Pアンチエイ、ウェルスナビ、NexTone
16	JPX日経400	ソフトバンクグループ、エーザイ、レーザーテック
17	海運	日本郵船、丸紅、商船三井

某OL（emi）さん

オプション取引ですでに億り人を達成していた某OL（emi）さんは、株式投資にも乗り出し、いま「時短」ツールとして『株探』を活用中

某OL（emi）さんの『株探』活用術

日経225のオプション取引から投資を開始し、順調に資産を増やしていったものの、2014年にはオプション取引の規制強化と、アベノミクスで大きなポジションを組めなくなっていました。

そこで現物株式の取引を始めたのですが、安全性を重視してスタイルと銘柄の分散投資を徹底したことで、堅実に収益が得られるようになった半

使うのはここ!

トップページ➔「本日の【サプライズ決算】」
➔「本日の【イチオシ決算】」

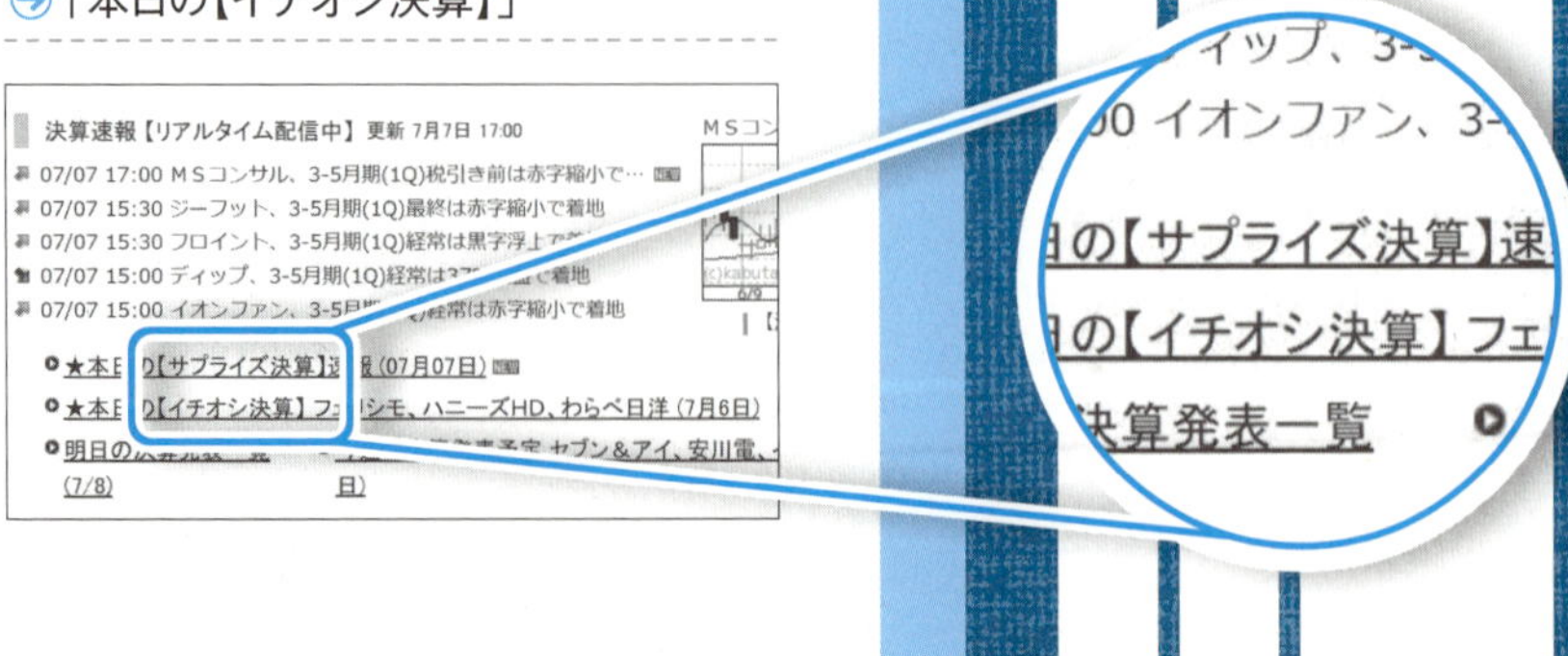

決算速報【リアルタイム配信中】 更新 7月7日 17:00
07/07 17:00 MSコンサル、3-5月期(1Q)税引き前は赤字縮小で…
07/07 15:30 ジーフット、3-5月期(1Q)最終は赤字縮小で着地
07/07 15:00 イオンファン、3-5月期
★本日の【サプライズ決算】速報 (07月07日)
★本日の【イチオシ決算】フェ
明日の
決算発表一覧

面、多くの保有銘柄や投資候補銘柄の管理に割かれる手間や時間は膨大になりました。その点『株探』は、「決算」「大株主」「チャート」などのタブから飛んだ先に、情報が見やすい形で集約されています。その磨き抜かれた視認性と検索性、つまり「時短性」が私にとって最大の魅力です。

某OL(emi)(ぼうおーえる/えみ)

2000年頃から優待株などは保有していたが、2008年に日経225のオプション取引から本腰を入れた投資を開始。元手2000万円から3年後には1億5000万円を達成。2014年からは株式投資にも力を入れるようになり、10年後の2018年に資産は3億円に到達。株式投資ではリスク回避のため、新興グロース銘柄とバリュー・優待銘柄への分散投資を行っている。

『株探』の優れた視認性と検索性を使って「時短」トレード！

豊かな生活のために「『株探』で「時短」を

『株探』は、忙しい時の銘柄探しや、業績・チャートのチェックをワンストップで完結できるので、便利で重宝しています。見ている回数は、証券会社のウェブサイトよりも多いと思います。

私にとって『株探』の便利なところは、「時短」に使えるということです。

私の保有銘柄は長期保有目的のバリュー株・優待株と、新興グロース株で、どちらも50〜60銘柄に分散投資しているので、常時保有している銘柄は100を超えます。

本来、100銘柄に投資するにはその何倍もの数の銘柄に目をつけて、事業の中身や資産、業績を精査する必要があります。しかし、片っ端からこのような作業をしていたら、膨大な手間と時間を必要とします。

豊かな生活を得るために株式投資をしているのに、毎日毎日休む暇もなく作業に追われていたのでは、仮に投資に成功して大きな資産が作れても、生活や心が豊かになったとは言えないかもしれないと、悩んでいました。

そこで出会ったツールが『株探』でした。自分の株式投資の手法に合わせて『株探』の使い方を極めることで、いわば「ルーティン的な流し見」で済ませられる部分を増やし、作業スピードを大幅に効率化することができるようになりました。

まずは【イチオシ決算】と【サプライズ決算】から

まずは私の株式ポートフォリオの半分を占める新興グロース株を発掘する際の、『株探』の活用法を説明します。

私は常時50～60銘柄の小型・新興銘柄に細かく分散投資していますが、そこで基本となる着眼点は「四半期の決算が良いもの」です。

『株探』にアクセスして、トップページを下にスクロールしていくと、「★本日の【イチオシ決算】」と「★本日の【サプライズ決算】速報」という項目が出てきます（図48）。これらはグローバルナビにある「市場ニュース」の「注目」タブからも見ることができます。このチェックは、取引日にはほぼ毎日やっています。

「★本日の【イチオシ決算】」では、その日に決算を発表した企業の中で、最も決算内容が良

■図48 【サプライズ決算】と【イチオシ決算】

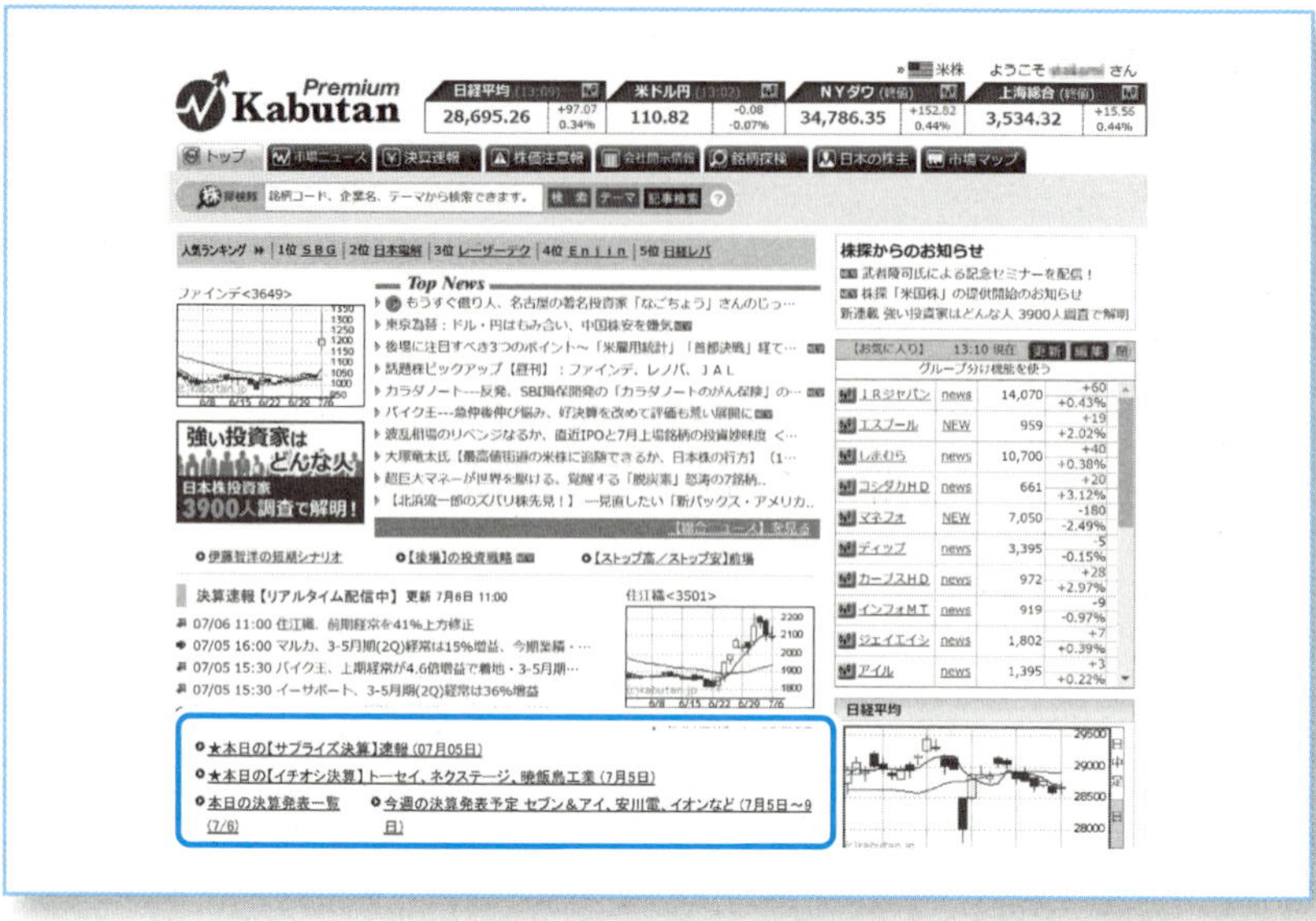

かったと判断した銘柄を『株探』の編集部が紹介しています。

例えば7月2日に取り上げられた「ＴＳＩホールディングス（３６０８）」の今期（２０２２年２月期）第１四半期決算では、経常利益が前年同期の経常赤字からＶ字回復し、５７・８％の大幅増収になったと強調しています。

一方、「★本日の【サプライズ決算】速報」では、当日の大引け後に発表された決算・業績修正の中から目立った銘柄がピックアップされています。大幅増益・黒字浮上など、企業やアナリストの予想を良い意味で裏切った決算にフォーカスしています。

一般的な決算速報に加え、これら「イチオシ」「サプライズ」などの速報で取り上げられた銘柄をチェックしているのは、いわば「最低限のふるい」にかけるためです。

■図49　株価上昇局面で買えなくても慌てない

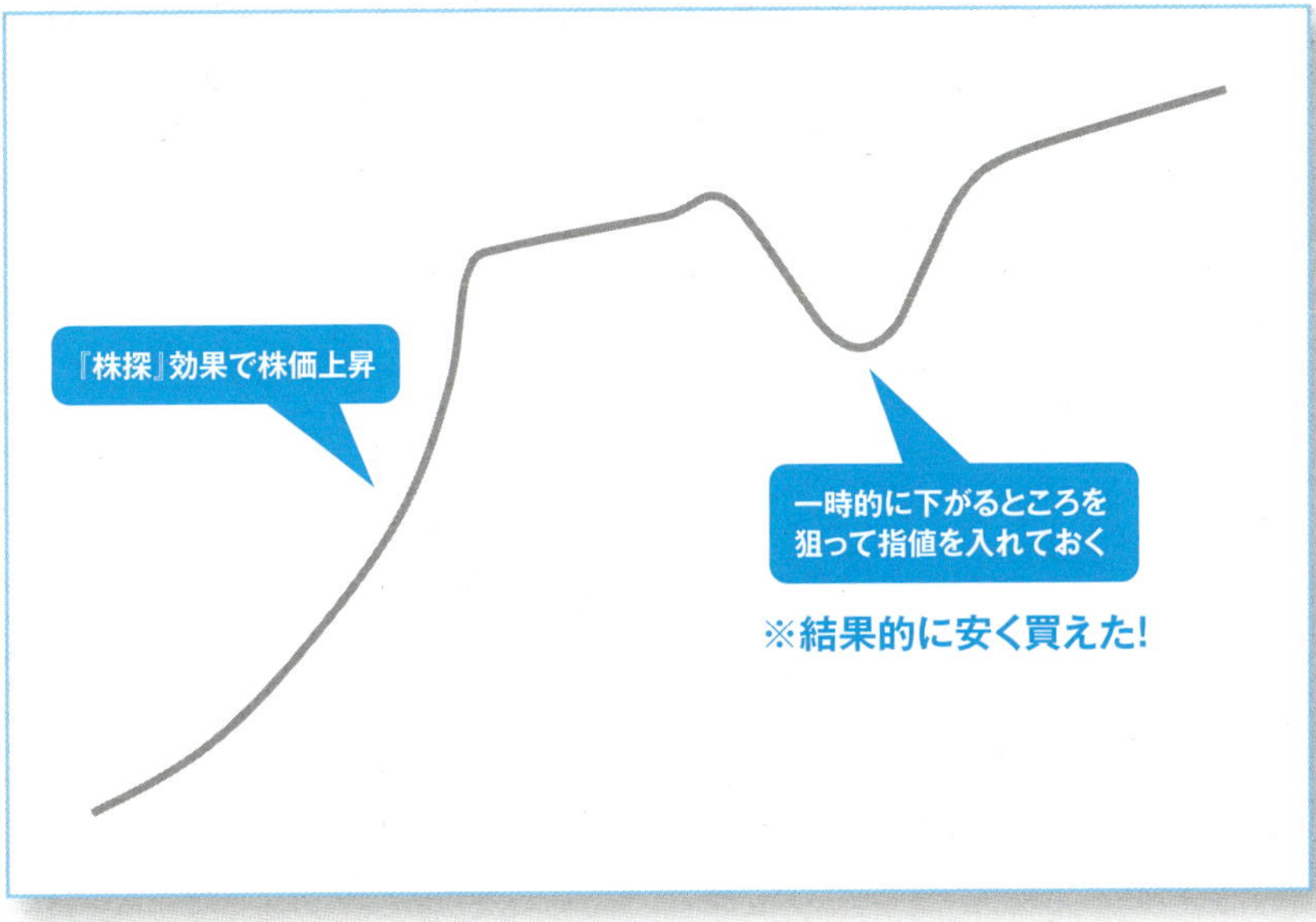
『株探』効果で株価上昇
一時的に下がるところを
狙って指値を入れておく
※結果的に安く買えた!

新興グロース株の中で自分の投資手法に合う銘柄は、好決算が続くことが多いので、「★本日の【イチオシ決算】」「★本日の【サプライズ決算】速報」の中には見覚えのある銘柄が多く、それらをチェックするだけで、大幅な時短になります。

ただし、長期間の旅行などで『株探』を見ることができず、速報のチェックが数日〜1週間遅れになることもあります。そんなとき、サプライズの内容がめざましかった銘柄は、翌日にはもう株価が上がってしまっていますから、買えずに悔しい思いをしたことも何度かありました。

でも、そこであきらめてしまう必要はありません。そこで買えなかった銘柄については、移動平均線を活用して「この先一時的に下がることがあれば拾える」という水準で指値を入れておきます。

市場参加者の思惑や投資期間は人それぞれです。回転系の短期トレーダーなどが利益確定をして降りたり、相場の地合いなどで押し目を作るので、そこで買えれば、結果的に株価が上がったときより安く買えることになり、むしろ怪我の功名ということになります。「初押しは買い」を狙いたいという考えです（図49）。この具体的な手法については、後ほど改めて紹介します。

業績は通期・3カ月・進捗率をチェック

新興グロース銘柄をピックアップする際に業績面で指標としているのが、「売上と営業利益が伸びている」こと、そして「営業利益率が高い」ことです。

売上・利益の伸び率や営業利益率はどのくらいの水準が望ましいかという目安は、業種や業態によって異なるので、一概に何%以上が良いということはできません。むしろ、ここでもサプライズ的な要素を重視します。

会社予想やアナリスト予想、あるいは『会社四季報』の予想などで見られる数値に比べて大きく伸びているか、上方修正となっているかどうかに着目します。

これらの指標を『株探』でチェックする際に見ているのが、個別銘柄の「決算」の項目です。

■図50 イトクロの通期業績予想

基本情報 | チャート | 時系列 | ニュース | 決算 | 大株主

過去最高【実績】 | 半期【予想】 | 現金収支【実績】 | 四半期累計【実績】 | 財務【実績】 | TOPへ

今期の業績予想

通期 | 業績推移 | 修正履歴 | New! 成長性 | New! 収益性 | 1Q | 2Q | 3Q | 4Q

決算期	売上高	営業益	経常益	最終益	修正1株益	1株配	発表日
▽閉じる							
単 2010.10*	2,479	－	172	101	175,077	0	－
単 2011.10*	2,093	－	53	33	80,455	0	－
単 2016.10	3,460	1,370	1,376	889	43.3	0	16/12/09
単 2017.10	3,942	1,724	1,726	1,112	54.2	0	17/12/08
単 2018.10	4,491	2,000	2,005	1,085	52.6	0	18/12/07
単 2019.10	4,382	1,435	1,438	920	44.0	0	19/12/13
単 2020.10	3,862	1,140	1,146	317	15.2	0	20/12/11
単 予 2021.10	4,620	1,520	1,520	978	46.7	0	20/12/11
前期比	+19.6	+33.3	+32.6	3.1倍	3.1倍		(%)

※プレミアム会員向け画面

まず、通期の業績と四半期の業績が、それぞれ前年同期比で伸びているかどうかを見ます。最近購入した「イトクロ（6049）」の例で見てみましょう。教育関連の口コミポータルサイトを運営する企業です。

「決算」タブから通期の業績推移を確認します（図50）。

2020年10月期は新型コロナウイルス要因で売上高・営業利益ともに落としましたが、今期はV字回復を見込み、売上高・営業利益ともにコロナ前の水準を超える予想を出しています。

次に3カ月決算【実績】を見ていきます（図51）。

2020年5〜7月期こそ前年同期比割れしていますが、以降はコロナ禍をものともせず前年同期を超えてきています。直近では売上高が3割以上、営業利益は倍増に近い勢いです。

■図51　イトクロの3カ月決算【実績】

3カ月決算【実績】　業績推移　New! 成長性　2Q　3Q　4Q　1Q　2Q

	決算期	売上高	営業益	経常益	最終益	修正1株益	売上営業損益率	発表日
				▽閉じる				
単	16.05-07	1,045	543	543	349	17.0	52.0	16/09/09
単	16.08-10	737	37	40	29	1.4	5.0	16/12/09
単	16.11-01	865	409	409	266	13.0	47.3	17/03/10
単	17.02-04	1,159	631	632	410	20.0	54.4	17/06/09
単	17.05-07	1,172	626	627	407	19.8	53.4	17/09/08
単	17.08-10	746	58	58	20	1.4	7.8	17/12/08
単	19.08-10	745	-57	-66	-49	-2.3	-7.7	19/12/13
連	19.11-01	985	297	298	178	8.5	30.2	20/03/13
連	20.02-04	1,026	304	305	-219	-10.6	29.6	20/06/12
連	20.05-07	983	328	329	201	9.6	33.4	20/09/11
単	20.08-10	868	211	214	157	7.5	24.3	20/12/11
単	20.11-01	1,005	359	359	225	10.8	35.7	21/03/12
単	21.02-04	1,370	603	603	387	18.5	44.0	21/06/11
	前年同期比	+33.5	+98.4	+97.7	黒転	黒転		(%)

※プレミアム会員向け画面

この勢いが株価にどの程度織り込まれているか、この先はどうなるかを決算資料や中期計画に当たって思い描き、投資するかどうかを決定します。

また、進捗率がよいことも投資判断に大きく関わってきます。

「決算」タブで上から「業績・財務推移【実績】」まで下ると、イトクロの場合は第2四半期累計決算【実績】のところに「対通期進捗率」が水色の網掛けで強調されています（図52）。

上期だけで年間計画の何割程度が進捗しているかが一目でわかり、直近の進捗率が過去の平均的な水準よりも高く出ていれば、事業に勢いが出ているということなので強気に買いに入ることができる、というわけです。

新興グロース株は基本的に長期で保有することはないので、決算説明資料や適時開示を深掘

■図52 進捗率を見る

第２四半期累計決算【実績】

1Q | 2Q | 3Q | 4Q

決算期		売上高	営	修正1株益	対通期進捗率	発表日
単	18.11-04	2,395		31.	70.7	19/06/07
連	19.11-04	2,011		−2.	52.6	20/06/12
単	20.11-04	2,375		29.	63.3	21/06/11
	前年同期比	+18.1		黒		(%)

イトクロ(6049)

りして見直すのは、せいぜい1年分くらいですが、前年同期比や季節性、業績の推移を見るため、『株探』の業績ページの数字の2～3年分はざっと確認しています。

『株探』はこのように細かく業績をチェックするうえでも、非常に「時短」に役立っています。

必要な情報が1ページにすべて収まっているので、ページの上下スクロールだけでパパッとチェックすることができます。

加えて、前年同期比が見やすい点も便利です。企業の決算資料を見ていても、企業によっては前年同期比が非常にわかりにくく書かれていたりするので、時間がかかってしまいます。また、決算資料のフォーマットは企業ごとに異なるため、欲しい情報が見つかるまで1ページずつ見ていく必要があります。けれども『株探』のフォーマットはどの企業でも同じ位置に見たい情報があるため、見やすく、見間違えもなく、手間も時間も省けます。

チャートは移動平均線でエントリーポイントをはかる

このほか、私がよく使う『株探』の情報が、「大株主」の情報です。

実は「大株主」は、それほど重視している項目というわけではないのですが、「自分の選択眼に自信を与えてくれる名前」が目に入ることで、安心感を得る材料にしています。

例えば、有名な海外の金融機関など外国人機関投資家がそうですし、最近の国内の大株主では「光通信」の名前があると少し安心感が生まれます。事業会社ではありますが、証券投資も非常に上手で、グロース系の優良銘柄の株主としてよく名前を目にするからです。これらの名前が「大株主」の中に入っていたり、外国人投資家の保有比率が増加していると、ポジティブな評価が上がるという意味で見ています。

イトクロの大株主タブでは、フランスの投資銀行ＢＮＰパリバや、ノルウェー政府が目につきます（図53）。特にノルウェー政府の資金は非常に名の通ったＳＷＦ（ソブリン・ウェルス・ファンド＝政府系ファンド）で、世界中の投資家がその動向に注目しています。

業績をチェックして良さそうなら買い注文を入れますが、その際にも『株探』を活用します。決算後のタイミングで投資を考えている銘柄の「チャート」タブに移動し、上昇トレンドが

■図53 イトクロの大株主

(2021年4月末現在)

基本情報 | チャート | 時系列 | ニュース | 決算 | 大株主

株主 | 21.04中 | 20.10 | 20.04中 | 19.10 | 19.04中 | 18.10　単位:1株

株主名	持ち株		
	変動	比率(%)	株式数
山木学		54.68	12,401,100
日本カストディ銀行(信託口)	↑	13.87	3,146,400
自社(自己株口)		7.66	1,737,700
TMAM-GOジャパン・エンゲージメント・ファンド	↑	2.26	512,600
日本マスタートラスト信託銀行(信託口)	↓	1.89	429,100
BNPパリバSec(Lux)J.Sec.UCITS	New	1.68	380,900
BNY・GCMクライアントJPRD・ISG・FEAC	↓	1.48	335,900
ノルウェー政府	↓	1.22	276,336
KIAファンド136	↑	0.88	198,500
SBI証券		0.87	196,856
BNYM SA/NV FOR BNYM FOR BNY GCM CLIENT ACCTS M LSCB RD	New	0.84	189,508

確認できたら5日移動平均線上、つまり少し下に指値を入れておきます。

普段はこの手法をよく使っているのですが、下落トレンドで『株探』チャートを活用してうまく買えた例を紹介します(図54)。

イトクロのチャートを日足で表示しています。6月11日に好決算が出て、株価が大きくギャップアップしました。1413円まで上昇したところで派手な上ヒゲをつけ、その後は下げに転じています。

決算後から毎日チャートをチェックしていたのですが、下がり始めたところで「この分なら決算で空いた窓を埋めるだろう」と考え、6月11日の高値で指値を入れました。6月21日に下げたところで指値がヒットし、安く買うことができました。

また、レンジ相場で買値を下げる際にも『株

■図54　チャートを活用した「買い」の例

イトクロ(6049)

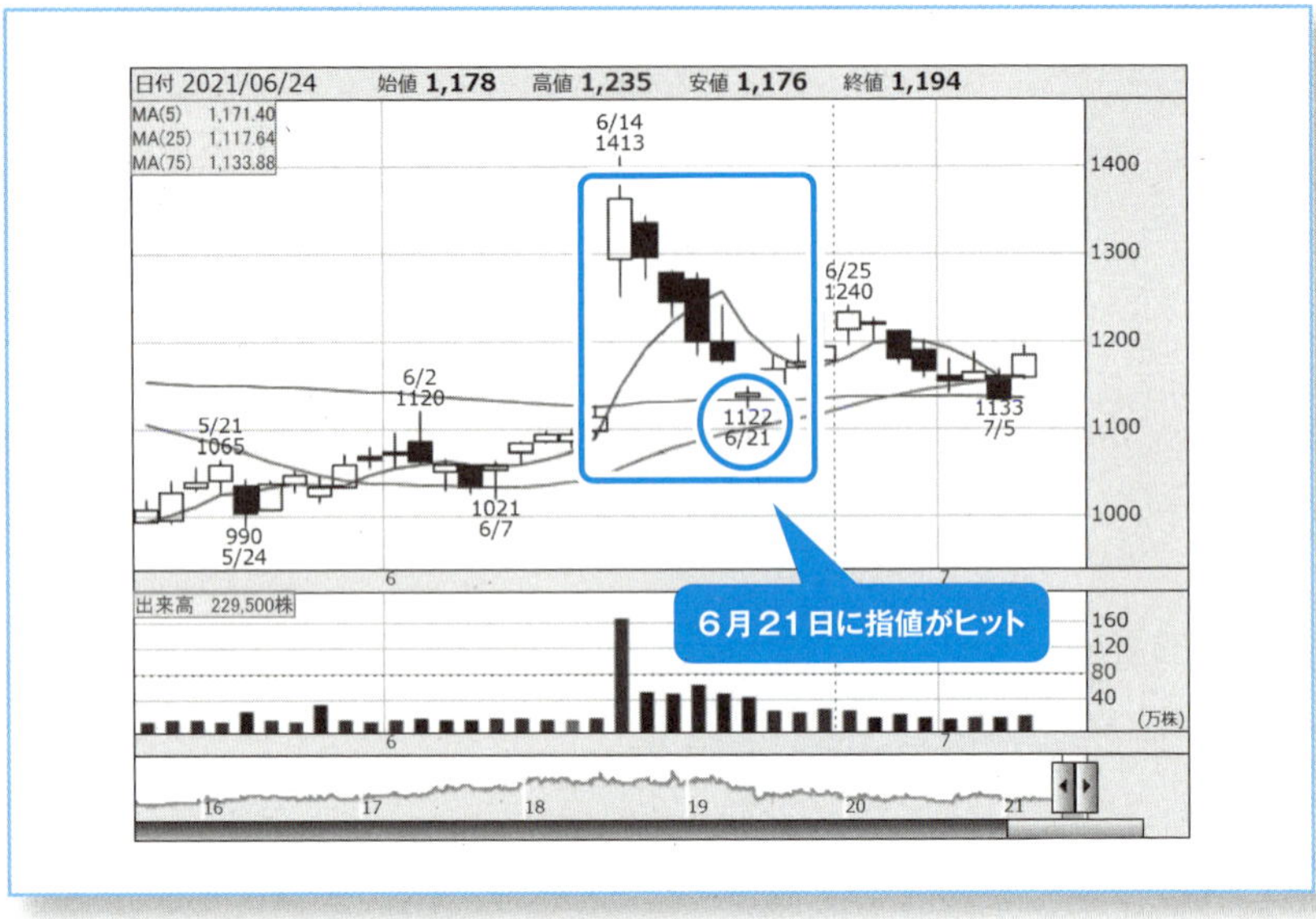

■図55　レンジ相場で買値を下げるときの例

オーナンバ(5816)

探』のチャートを活用します（図55）。

民生機器用電線ハーネスで業界トップのオーナンバ（５８１６）のチャートです。５月７日に２０２１年12月期第１四半期の決算が出たのですが、決算後にすぐチェックすることができず、決算前には５００円そこそこだった株価がすでに７００円を超えていました。

ただ5月末までの数日の値動きから、７００円～７５０円くらいの間でレンジ相場になると思ったので、７００円に指値、８００円に利確の指値を入れました。そして6月9日に購入することができ、しばらく保有していたところ、5日・25日の移動平均線が上がってきて下値を切り上げ、上昇トレンドが確認できたので利確の指値を外して、現在も保有しています。このように移動平均線をよく見るので、『株探』のチャートの左下に、それぞれの移動平均線の数値が表示されるのはとても便利です。

以上は買う際のチャートの活用法ですが、チャートに刻まれた株価の急上昇・急落を見て、そのときに何があったのかを確認しておくことも大切です。

チャートで急な上下動があったときは、その日付を確認しておき、「ニュース」タブに移動します。画面を下にスクロールしていくと「ニュースアーカイブ」があり、1カ月ごとにニュースがまとめられたページに飛ぶことができます。チャートからわずか2クリックで、過去の急な上下動をもたらしたニュースが確認できるところも、やはり『株探』の「時短力」が光ります。

バリュー・優待銘柄でも「株価トレンド」は見ておこう

新興グロース投資での『株探』活用法を説明してきましたが、もう半分の保有銘柄であるバリュー・優待株投資での『株探』活用法も説明します。

バリュー投資でも新興グロースと同様に業績を見ていきますが、それに加えてＰＢＲ・ＰＥＲを勘案する点が異なります。個別銘柄ページのトップにある四角の中にＰＢＲ・ＰＥＲが表示されており、簡単に見ることができます（図56）。

ＰＢＲとＰＥＲを掛け算した数値を「ミックス係数」と言います。これはバリュー投資の始祖的存在であり、ウォーレン・バフェットの師匠としても名高いベンジャミン・グレアムが提唱したものです。グレアムはミックス係数が22.5倍以下の銘柄を割安株としましたが、私はミックス係数が10倍以下の銘柄に投資しています。

米国に比べて日本は割安銘柄が多いのと、長期で持つための「底堅さ」を重視しているため、少々上がりにくかったとしても、割安度をより優先しているのです。

バリュー投資をする際によく言われることで、割安に見えて結局いつまでも株価が上がらない「バリュートラップ」というフレーズがあります。

私の場合は、決算資料から事業内容や業態・経営方針の変化、資産の内容までくまなくチェ

■図56 PBR・PERも一目瞭然

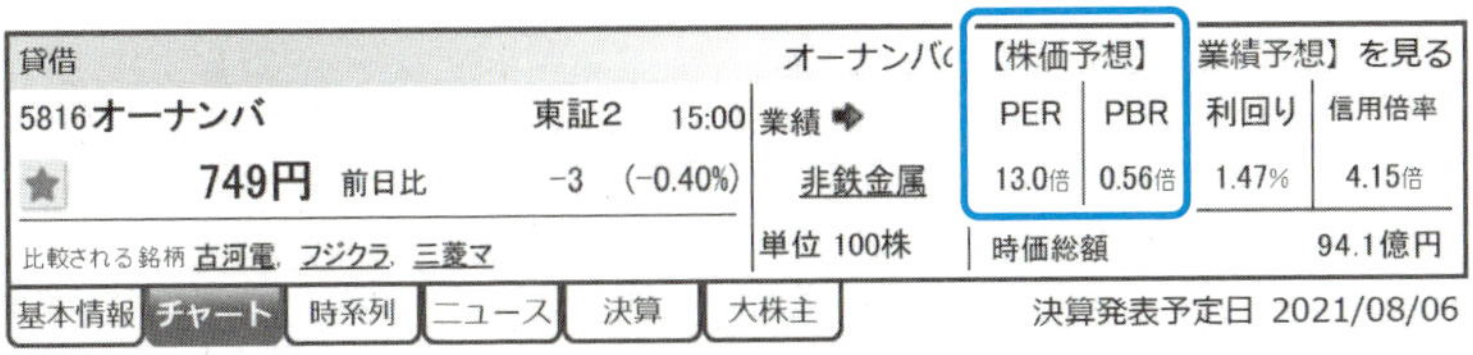

ックして、たとえ株価上昇に少々時間がかかっても、それ以上に下落リスクを排除することに気を遣っています。

バリュー投資の株式はオプション投資の担保にしているので、担保価値が減ることが私にとっては最大のマイナスなのです。

株価が下落しなければ、オプション取引で利益を得ることができますし、加えて配当収入を得ながら飲食券やクオカードなどの株主優待をもらって、日々の生活を豊かにすることができるのです。

とはいえ、バリュー株も株価が上がるに越したことはありません。

長期保有の銘柄は、購入の際に株価トレンドを必ずチェックします。個別銘柄の「基本情報」タブからすぐ右下にある「株価トレンド平均線方向」です。

■図57 株価トレンド平均線方向がすべて上向きだとベスト

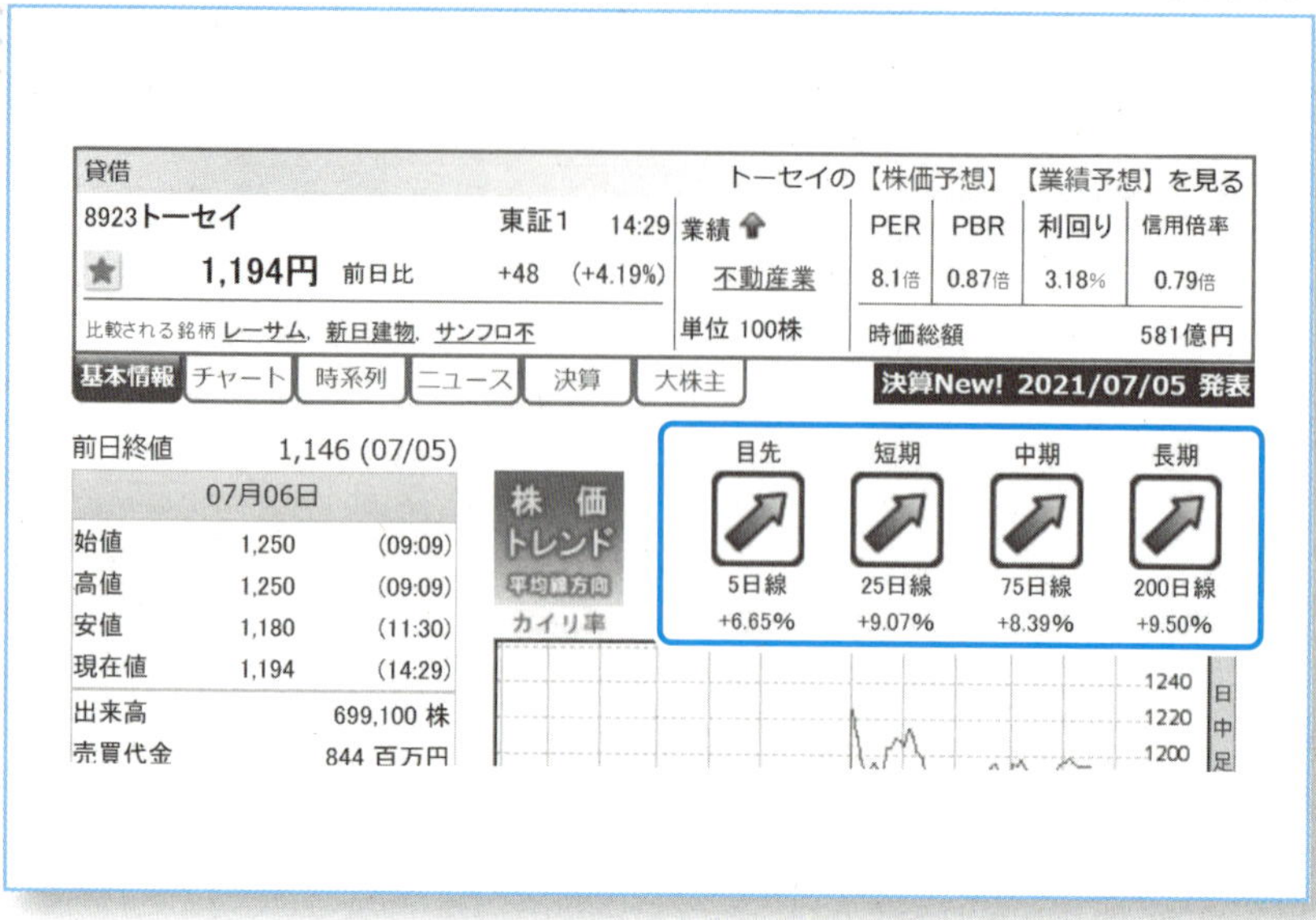

目先から長期まで、そろって上向きであればベストです。株価が上場来高値で上向きトレンドがそろっていれば言うことはありません（図57）。

ただ、これはあくまで事業や業績から着目した良い銘柄に限ってのことで、チャートの形状が購入の際の「お墨付き」になるということです。上向きトレンドがそろっていなくても買うことはあります。

新興グロースの短期スイングトレードでも、5日線〜75日線は上向きでそろっているものがよいでしょう。

保有中の銘柄に関しては、『株探』でチェックすることはあまりありません。

証券会社でトレーリングストップや逆指値を入れてあるので、それに引っかからない範囲での値動きに収まっているようなら、市場ニュースの「本日の株価下落率ランキング」や「週間ランキング【値下がり率】」に出たりしないかぎりは特にチェックしていません。四半期決算の際に業績を確認するくらいです。

まだまだ使える「テーマ」「イチオシ決算」「特集記事」

新興グロース投資では、その時々のテーマで銘柄を探すこともしています。トップページを下にスクロールしていくと「人気テーマ」が3日間のランキングで表示されており、「ベスト30を見る」で上位30テーマを確認できます。最近では、アフターコロナで動意づいた銘柄をチェックする際に便利でした。

銘柄コード検索欄に、直接「外食」「旅行」「レジャー」などと入力して検索することもできます。PBRの低い順にソートすると出遅れ銘柄が一目瞭然で、これも『株探』の「時短力」と言えるでしょう。

最後に、前述した【イチオシ決算】を利用して、短期で値幅が取れる手法を紹介します。決算を2~3週間後に控えた銘柄で、前回決算の内容が良かったものは、その時期から株価の「期待上げ」が起こることがあります。

この期待上げを取るために、例えば7月に決算を予定する企業であれば、グーグルで「4月イチオシ決算」と検索します。すると、『株探』のその月のイチオシ決算がまとまったページに飛べるのです。

そこで銘柄をチェックして、有望な銘柄に投資しうまくいけば7月の決算前に売り抜ける、という流れになります。

『株探』はさまざまなテーマの記事が充実しているので、業績の記事やテーマ記事、特集などはよく目を通しています。

これも片っ端から読むわけではなくて、気になっている銘柄のニュースに特集記事が出れば読む、というふうに「時短」をしています。特集記事は他の銘柄を考える際のヒントになるので、意識的に目を通すようにしています。

私の『株探』活用法は以上となります。読者の皆様もぜひ『株探』を使い込んで、収益と時短を両立してみてください！

第4章

その手があったか！『株探』異色活用法

愛鷹さん

「テンバガー・ハンター」愛鷹さんの投資手法は、テンバガー候補をたくさん集める長期分散投資。そのテンバガー候補を『株探』でどう拾い集めているのか。

愛鷹さんの『株探』活用術

私は他の「億り人」と言われる方々のように専門的な投資手法を駆使してきたわけではありません。とにかく会社の開示情報を読み込み、各社の中期経営計画の進捗状況を見ながら、買いたい銘柄の候補を見つける。そして、給料やボーナスでそれらの銘柄をコツコツ買い集め、一度買った銘柄は基本的に利確せずに長期で保有していく投資

使うのはここ!

トップページ→銘柄探検→

ファンダメンタルズで探す

スタイルを貫いてきました。その中から買い集めたテンバガーが60も育ちましたが、私の好きな山登りにも似た「急がず慌てず」の長期投資は、読者の皆さんにも真似できるものだと思いますので、『株探』の活用法と併せてぜひ参考にしていただければと思います。

愛鷹（あしたか）

2008年に元手200万円から株式投資を始め、兼業で30代にして2億5000万円の資産を築く。達成したテンバガーは60銘柄。ちなみに愛鷹の名は『もののけ姫』の登場人物が牛飼いを背負ってコツコツ山を登る姿に自身の姿を重ねて命名。

『株探』は活用の仕方次第で将来のテンバガー候補発掘にも使える

テンバガー候補の条件

私の基本的な投資手法は「入金投資法」で、給料やボーナスが入ったら、普段から買おうと思っている銘柄に投資するというスタイルです。

２００８年に２００万円から株式投資を始め、会社員として働きながら30代で億り人、今年は資産を2億５０００万円にまで増やしましたが（図58）、その資産形成の大きな原動力になったのが、テンバガー銘柄です。これまでに60のテンバガー銘柄を発掘してきました。

そのため、マスコミの記事などで「テンバガー・ハンター」などと言われることもありますが、自分では「テンバガー・コレクター」のほうが私の投資法を言い当てている気がします。

よく「テンバガー候補を見つける秘訣は？」などと聞かれますが、それほど特別なことをやっているわけではありません。1点集中勝負ではなく、テンバガー候補となる「有望な会社」をたくさん集める超分散投資を基本にしています。

■図58 愛鷹さんの資産推移

年（年末時点）	運用額（円）	年（年末時点）	運用額（円）
2008年	200万円	2015年	1億円
2009年	450万円	2016年	1億円
2010年	1000万円	2017年	1億9000万円
2011年	3500万円	2018年	1億7000万円
2012年	5000万円	2019年	2億4000万円
2013年	6500万円	2020年	2億4000万円
2014年	8000万円	2021年	2億5000万円

バリュエーションや、グロース／バリューなどルーティンの銘柄区分はあまり気にしていません。毎日のルーティンは、仕事を終えて帰宅後に、「適時開示情報を見る」ということです。その日の適時開示をリストの最新から遡って読み、気になる銘柄、セクターの景気動向なども把握します。

適時開示情報を見て、将来の投資候補となる監視銘柄に入れる条件は、連続して増収増益であることですが、成長が見込めそうな場合は、増収であればグリッチ（一時的な失敗）による減益でも構いません。また、インカムゲインを狙う場合、連続増配等、株主還元に積極的な銘柄を好みます。

時折、テーマ株が盛り上がりますが、一時的な流行りのテーマには目もくれません。過去に経験したテンバガーを振り返ると平均して買い付けから5年で達成しており、一時的なテーマではなく、息の長いテーマやメガトレンドに乗っているセクターから続々と誕生してきた印象です。

例えば、日本では長期的に人口減少という大きな社会問題を抱えていますので、それに対応した人材関連のセクターが候補に挙げられるでしょう。また、5G、EVなど数多くのテーマに関わる半導体業界なども有望です。

そのほか、テンバガーになりそうな条件としては、次のようなものが挙げられます。

①国策の追い風を受けそうな会社。今だとDX、半導体、脱炭素関連など（エムスリー、インターアクション、ENECHANGEなど）

②時価総額300億円以下の会社。300億円以上でもオンリーワンの会社（レーザーテックやオリエンタルランドなど）、ナンバーワンの会社（ダイキン、ダイフク、ソニーなど）

③株式分割を実施した（する）会社（自分の保有銘柄で、テンバガーとなった60銘柄のうち約40銘柄が株式分割を実施していた。最大分割数は64分割。また、分割ではないが売買単元が500単元から100単元に変わった銘柄もあった）

このような投資手法で、2012年頃、たまたまアベノミクス前に手広く種を蒔いた銘柄群がすくすくと育ち、ここ数年間でテンバガーの大輪を18社咲かせています。空調機器大手のダイキン工業（6367）や搬送・保管のシステム自動化のダイフク（6383）などの業界ナンバーワン企業。そして、事業承継マッチングビジネスを展開する日本M&Aセンター

（2127）に至っては37倍まで株価が値上がりしました。

適時開示情報で保有銘柄に大きな変化がないかを確認

ただし、読者のみなさんに一つ注意していただきたいのは、テンバガー候補は「狙って買えるものではない」ということです。

私も最初からテンバガーになると目論んだ銘柄を選んで買ったわけではなく、3年で3倍にはなりそうな銘柄を集めることに集中してきました。

そのために参考にしているのが、『中計』（中期経営計画）です。中計の中身を見て、成長性の望める経営計画を行っているかチェックすることはもちろんですが、特に中計に取り組み始めて1年目の進捗率を確認します。この時点で計画通り、もしくは前倒しで達成していれば、買いの候補に入れます。

そして、実際に購入した銘柄については、基本的に途中で利確せず、テンバガーになるのをひたすら見守ります。その結果、現在の保有銘柄は約800という、超分散投資の〝多株主〟になっています。加えて監視銘柄として100～200銘柄をプールしていますので、常時1000銘柄くらいが監視の対象ということになります。

当然ながら、会社員として働いている兼業投資家の私としては、1000銘柄すべてを注意

■図59 会社開示情報のページ

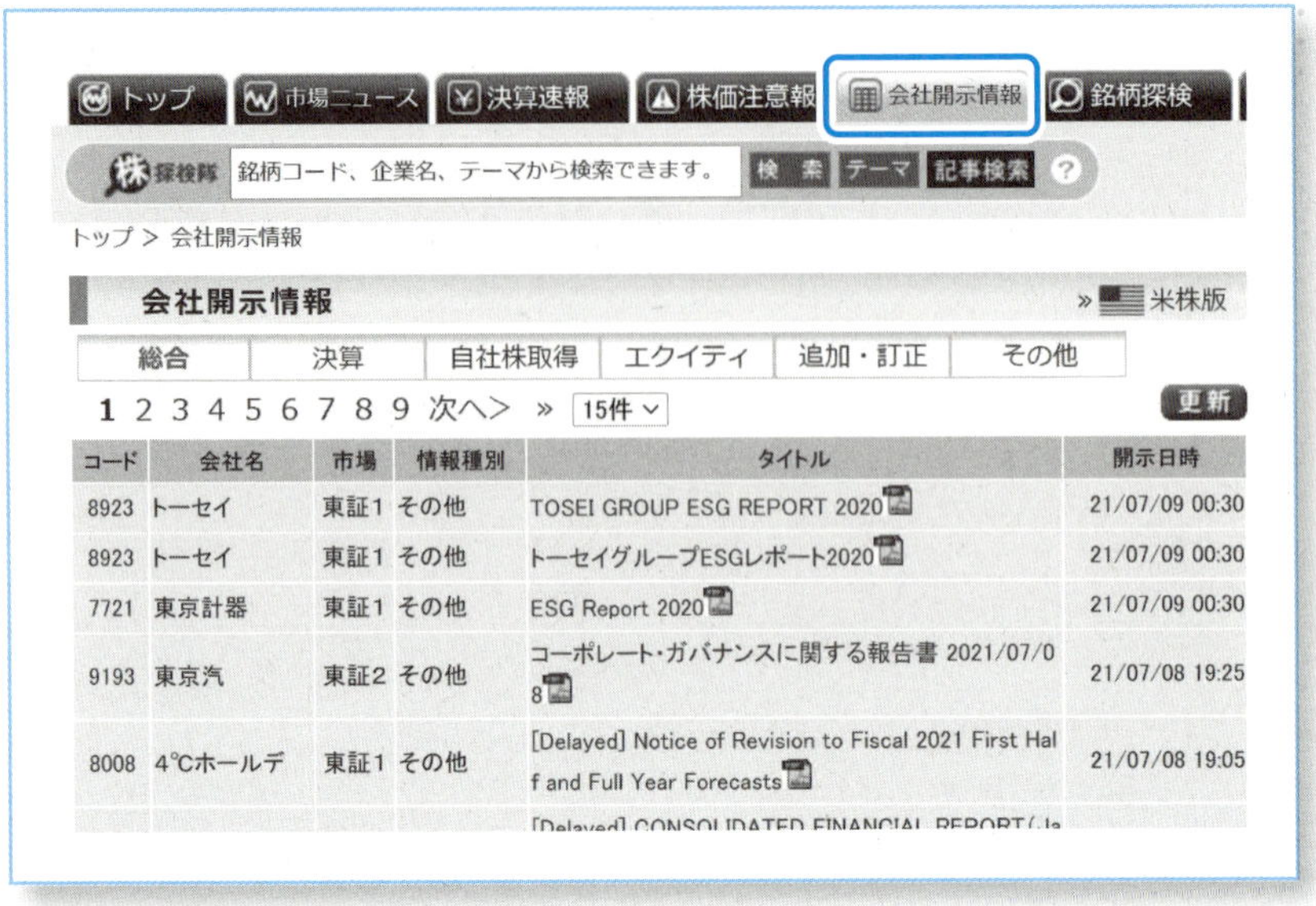

深く見ている時間はありません。そこで情報収集は、新たな銘柄発掘のために行うこともありますが、保有銘柄に影響しそうな開示がないかどうかを確認することが主体となります。

では、こうした私の投資手法に即して『株探』をどのように活用しているかという点を説明します。

まず、適時開示情報に関しては、『株探』トップページにまさに「会社開示情報」というタブがあり、ここをクリックすると、新たに開示された情報を時系列で見ることができます（図59）。

これは非常に便利な機能ではあるのですが、実は私はスマホのアプリなどを使って保有銘柄の適時開示情報はいつでも一覧で見られるようにしているため、あまり『株探』のこの機能は活用していません。

もっとも、それは私が８００もの銘柄を保有しているからであって、それほどの超分散投資を行っていない人にとっては、この時系列で見られる開示情報の一覧は、非常に便利な機能だと思います。特に決算マストチェック！

私が保有銘柄の適時開示情報を見る目的は、それらの銘柄の経営状況や事業内容に大きな変化が起きていないかを確認するためです。そのため、例えば長期保有の銘柄で購入時より30倍になっていた株価がたとえ20倍になっていたとしても気にはなりません。株価は人気投票の結果であって、投資においては事業価値が継続的に向上していることが大事ですから。また、優待目的の銘柄などは、株主優待の維持が危惧される事業環境でないかを確認するくらいで内容を細かくは見ません。

ではどういった場合に開示情報を細かく見るかというと、例えばテーマとして興味を持って買ったけれども、その市場の成長性や技術的な優位性、市場における存在感（シェア）などを調べ、その銘柄が成長する姿を描けるか確かめるためです。特に単価の高い値嵩株である時ほど念入りに読みます。

適時開示情報そのものから新たな銘柄を発掘することは稀ですが、例えば自分が保有している銘柄が伸びている場合、同じような理由で伸びている類似企業が他にないかという視点で、新たな銘柄を探すことはあります。

そこで気になるテーマや銘柄を見つけたときは、過去の決算の内容を見たり、会社のホームページに行って事業内容を細かく調べます。この段階で『株探』を利用することもあります。まずは抽出された銘柄一覧から割安な銘柄を探すためにＰＥＲやＰＢＲ、配当利回りなどでソートすると、意外な銘柄が浮かび上がったりします。「この会社の何の事業がテーマに当てはまったのだろう」という新たな発見があると、その会社のテーマへの親和性の高さや他社に対する優位性など、投資する価値が現時点であるかなどを、さらに調べるために深掘りしていきます。

『株探』では、このようにテーマ別、セクター別といった分類でＡＩが企業を機械的に抽出しています。集計するときに人の主観が入ると、その時点で選択される企業が恣意的に絞られてしまいます。しかしＡＩがランダムに選択してくれる集計であれば、客観的に抽出された銘柄群に絞られるため、自分では気づきにくい会社を漏らさず拾ってくれる可能性が高まります。

ＡＩで銘柄を抽出するということは、基本的に個人では難易度が高いため、それを無料で開放してくれている『株探』は、私のようにＩＴに不慣れな者にとってはありがたい存在です。

保有銘柄を「上場来高値更新銘柄」に見つけて安心感を得る

このほか『株探』で私が見るところは、上場来高値や年初来高値を更新した銘柄がまとめて見られる項目です。主な目的は、自分の保有銘柄が後続の株主らに評価され、株価が順調に育っているかを確認するためです。長期投資が基本の私の場合、どちらかというと「年初来」より「上場来」の高値を付けた銘柄群をよく見ます。

「今週の【上場来高値更新】」は、市場ニュースに出てきます。一方、年初来高値更新銘柄は、グローバルナビの「株価注意報」→「本日の動向」→「本日、年初来高値を更新した銘柄」で見つけることができます（図60）。

どちらも頻繁に見るわけではありません。「今週の【上場来高値更新】」を1週間に一度見るくらいで、自分の保有銘柄がその中に入っているかどうかを確認します。これは、その銘柄を買ったときの判断が正しかったという「目利きの確度」を確かめ、「安心感」を得るための作業になります。数年前に買った銘柄でも、そのときの自分の判断が間違っていなかったということですからね。

例えば、楽楽清算とメールディーラーというクラウドサービスを国内展開するラクス（3923）なども私の保有銘柄で、すでにテンバガーを達成し、さらに株価は伸び、高値更新しています（図61）。

「本日、年初来高値を更新した銘柄」は、新たに購入した銘柄のチェックなどに使うといいでしょう。特に、比較的高値で買った銘柄の株価がさらに上がっているかどうか、あるいは株価の底をうまく拾えたと思える銘柄が狙い通り上がっているかを確認したい人にとっては、便利な情報だと思います。

■図60　上場来高値更新銘柄を見る

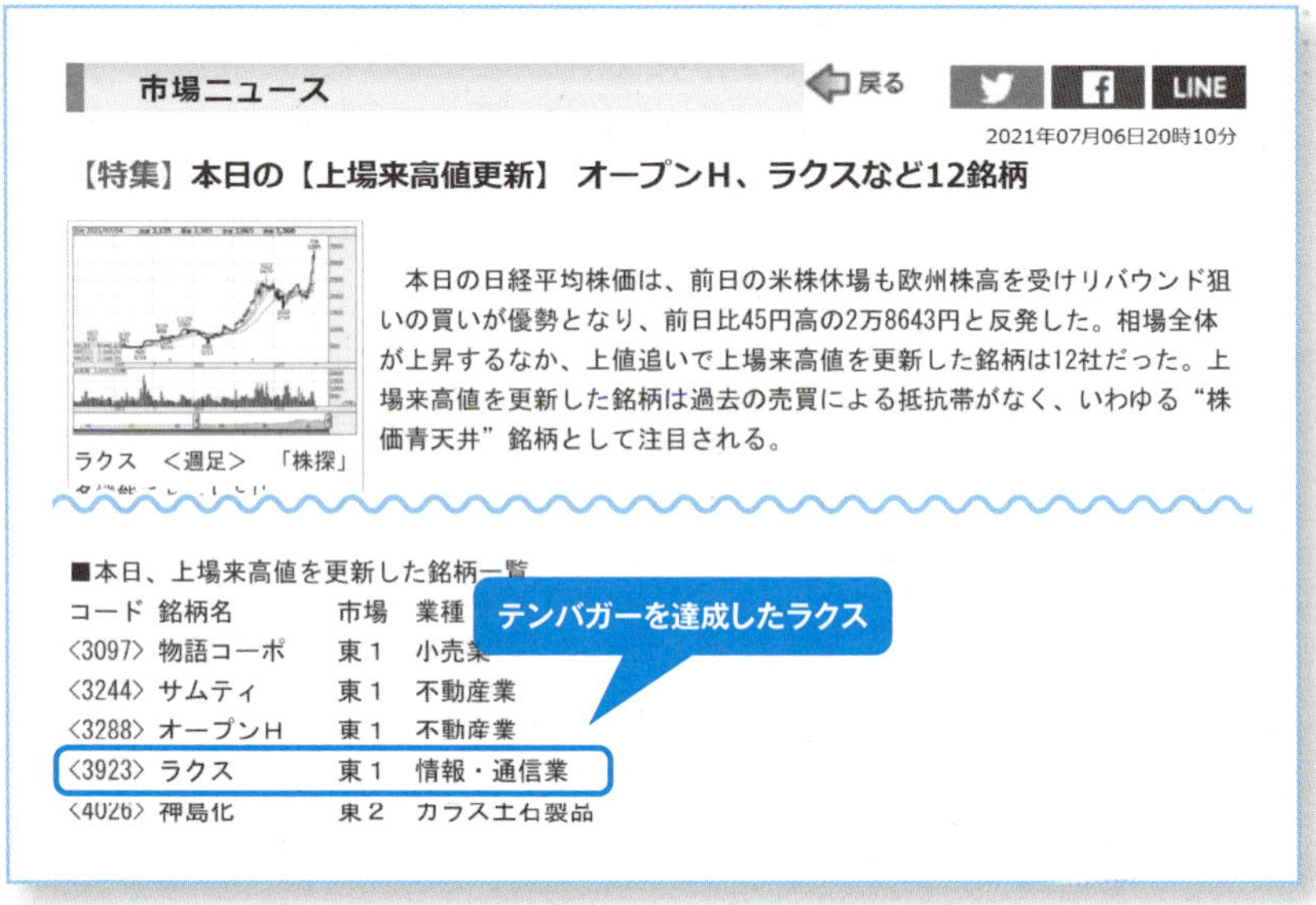

2021年07月06日20時10分

【特集】本日の【上場来高値更新】 オープンH、ラクスなど12銘柄

ラクス　＜週足＞　「株探」

本日の日経平均株価は、前日の米株休場も欧州株高を受けリバウンド狙いの買いが優勢となり、前日比45円高の2万8643円と反発した。相場全体が上昇するなか、上値追いで上場来高値を更新した銘柄は12社だった。上場来高値を更新した銘柄は過去の売買による抵抗帯がなく、いわゆる“株価青天井”銘柄として注目される。

■本日、上場来高値を更新した銘柄一覧

コード	銘柄名	市場	業種
<3097>	物語コーポ	東１	小売業
<3244>	サムティ	東１	不動産業
<3288>	オープンＨ	東１	不動産業
<3923>	ラクス	東１	情報・通信業
<4026>	神島化	東２	ガラス土石製品

■図61　ラクスの上場来の株価

「銘柄探検」に眠るテンバガー候補

最後に、私が注目している『株探』のリストをご紹介します。

それはグローバルナビの「銘柄探検」のタブをクリックすると出てくる「ファンダメンタルズで探す」の項目にあります。銘柄探検……冒険好きな私にはピッタリの項目！です。

一つは、「3カ月（四半期）決算で注目銘柄」の項目にある「【強固な収益基盤】銘柄リスト」。そして、その下の「海外投資家が重視する『ROE』注目銘柄」の項目にある「今期【高ROE】ベスト100」と「【経営効率化が続く】銘柄リスト」です（図62）。

■図62 「銘柄探検」にある注目リスト

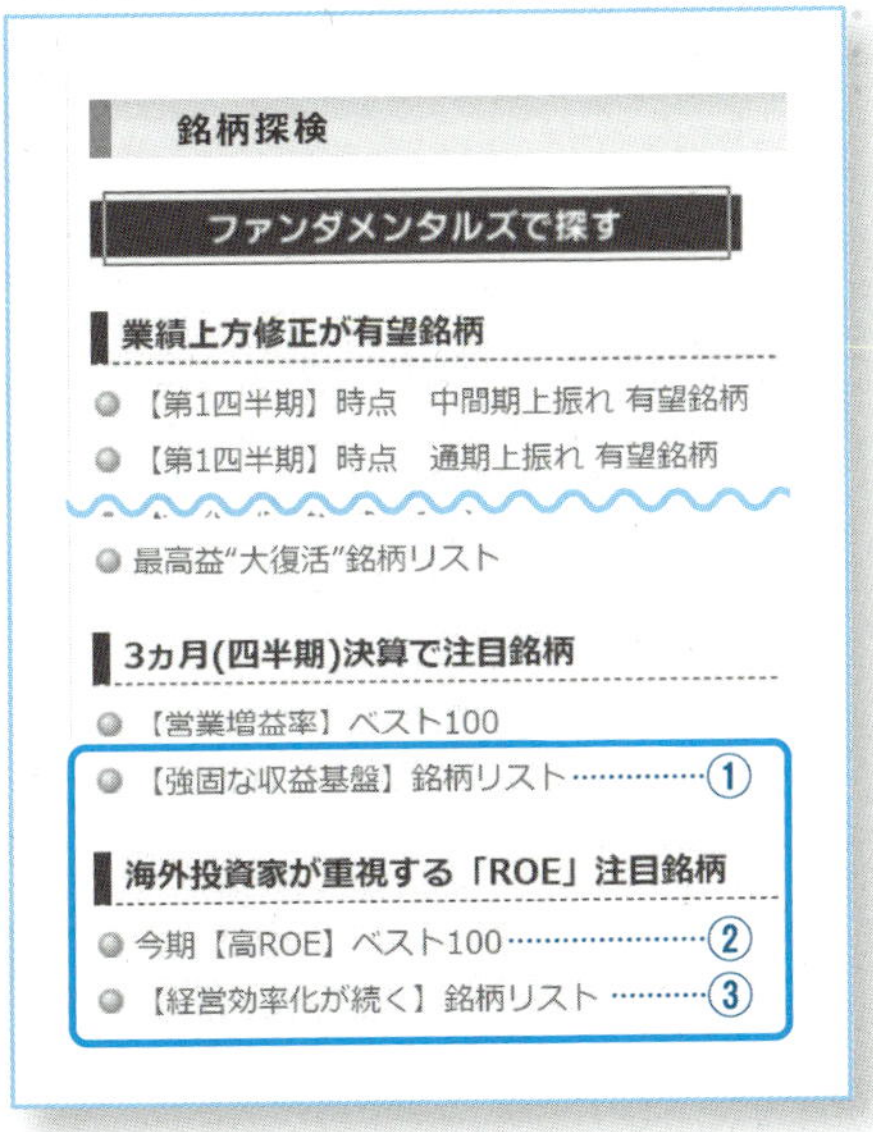

以下は『株探』に紹介されているそれぞれのリストの説明です。ここでの説明上、便宜的に①②③と番号を振りました。

①【強固な収益基盤】銘柄リスト＝四半期ベース【営業増益の連続期数】ランキング

本欄では、景気や為替の変動に左右されづらい収益基盤が強固な銘柄に注目しました。四半期（3ヵ月）ベースで長い期間、連続で営業増益を堅持する銘柄は、利益を創出する競争力がある商品やサービスを持つ企業が多く、今後も利益成長が期待されます。

ランキング表（※）では、

【直近四半期の増益連続期数≧8四半期】

の条件で対象銘柄を絞り込み、［連続期数の多い順］→［営業増益率の大きい順］に記しています。

②今期【高ROE】ベスト100銘柄

本欄では、海外投資家が経営の効率性を判断する指標として重視するROE（自己資本利益率）に注目しました。ROEが高く、かつROEの向上が続く銘柄は海外を中心に機関投資家が投資先候補として選定することが期待されます。

ランキング表では、

【時価総額≧50億円 & 自己資本比率≧10% & ROE向上の連続期数≧2期】

の条件で対象銘柄を絞り込み、今期予想ROEが高いベスト100銘柄を記しています。

③【経営効率化が続く】銘柄リスト＝ROE向上【連続期数】ランキング

（※）実際の『株探』の説明では、ランキング表がこの説明文の下に来るので「下表」と記載されている（以下②③も同じ）

本欄では、株主から預かった資金（自己資本）を使っていかに効率的に利益を出したのかを示すＲＯＥ（自己資本利益率）に注目しました。ＲＯＥが連続して向上する銘柄は、経営の効率化が進んでいると評価され、国内外の機関投資家が投資先候補として選定することが期待されます。

ランキング表では、

【時価総額≧50億円 ＆ 自己資本比率≧10％ ＆ 今期ＲＯＥ≧８％ ＆ ＲＯＥ向上の連続期数≧５期】

の条件で対象銘柄を絞り込み、［連続期数の多い順］→［今期ＲＯＥの大きい順］に記しています。

まず③の「ＲＯＥ向上【連続期数】ランキング」からリストを見ていくと、ここに並んでいる銘柄はほとんど私が保有している銘柄です。

トップにいる家庭用ゲームソフト大手のカプコン（９６９７）はすでにテンバガーしていますし（図63）、その他にも7～8倍になっている銘柄や、最近買った銘柄で株価が上昇している銘柄なども入っています。

音楽の著作権管理などを手掛けるＮｅｘＴｏｎｅ（７０９４）などもまだまだこれから伸びる余地がありそうですが、ＰＥＲが少々高いのがネックではあります。

■図63 カプコンの株価チャート

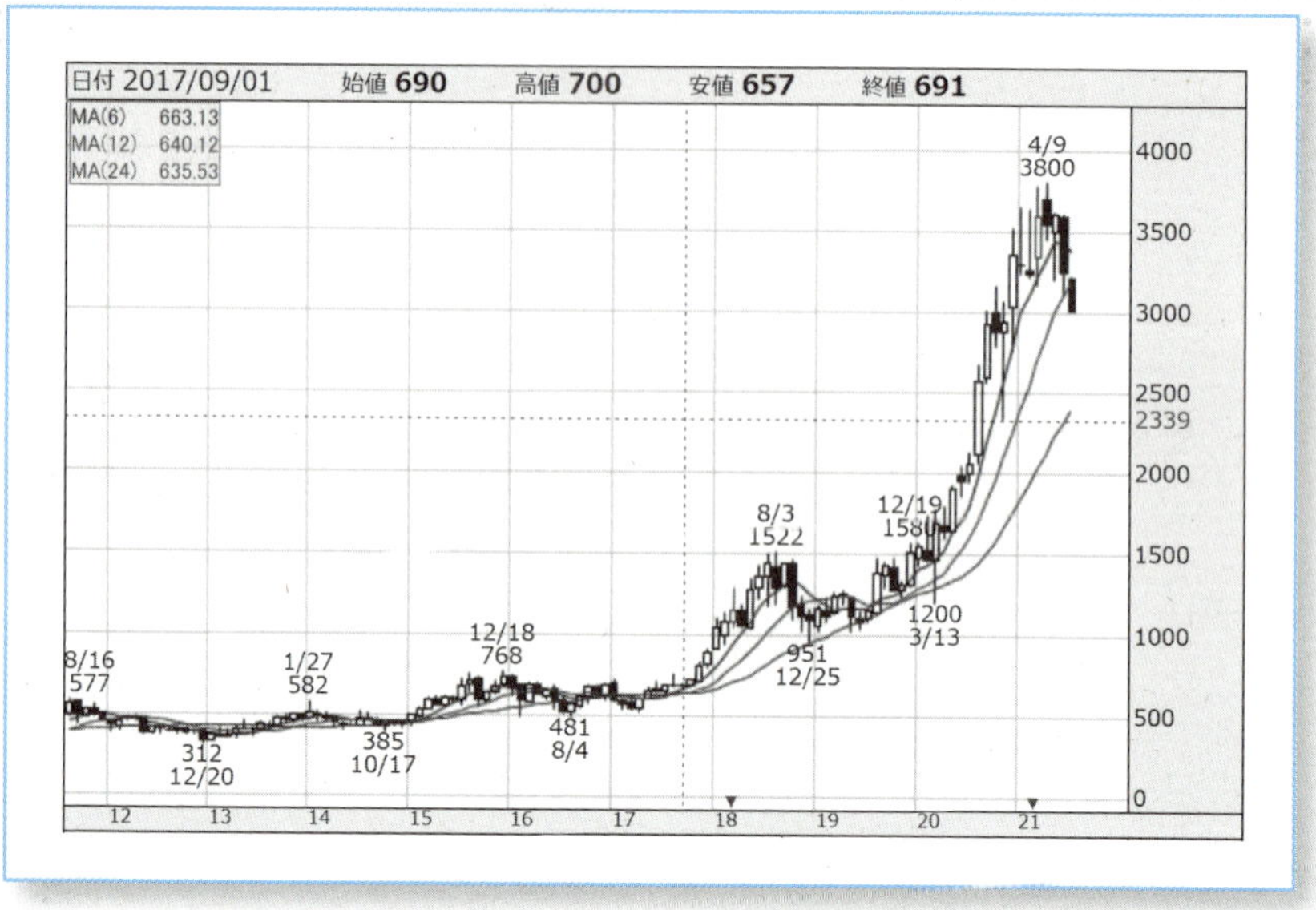

ＲＯＥは『株探』の説明にも書いてあるように、自己資本を使っていかに効率的に利益を出したのかを示す指標ですが、そのＲＯＥを連続で向上させている企業は、結果的にテンバガーや、その予備軍が多いということですね。

もちろん、すべてがテンバガーになるわけではありませんし、リストの中にはすでにピークを超えてしまったと思える銘柄もあります。

そこで、ここでは少なくとも5期連続でＲＯＥを向上させている企業をランキングしていますので、例えば3期、2期ぐらいで同様の経営効率化を図っている企業を探して、これから成長しそうな事業を手掛けている企業を探してみると面白いかもしれません。

次に、②の「今期【高ＲＯＥ】ベスト１００銘柄」を見てみましょう。

営業ＤＸツールの開発・活用支援などを手掛

■図64 高ROEベスト100銘柄のリスト

コード	銘柄名	市場		株価	今期ROE（予想）	ROE上昇幅	決算期	PER	PBR	利回り
9107	川崎汽	東1		3,730	87.08	18.99	2022. 3	1.8	1.59	—
7373	アイドマHD	東M		5,070	58.61	20.20	2021. 8	77.9	45.66	—
9101	郵船	東1		5,390	55.97	30.38	2022. 3	2.6	1.46	3.71
3681	ブイキューブ	東1		2,321	47.44	14.02	2021.12	28.1	13.32	0.34
6268	ナブテスコ	東1		4,135	41.91	31.27	2021.12	4.4	1.86	1.86
2412	ベネ・ワン	東1		3,285	40.88	3.73	2022. 3	64.4	26.32	1.10
3465	ケイアイ不	東1		5,210	40.77	4.95	2022. 3	7.4	3.02	3.84
3482	ロードスター	東M		986	40.33	5.52	2021.12	5.1	2.05	2.94
2150	ケアネット	東M		7,230	38.90	7.69	2021.12	53.6	20.86	0.11
9104	商船三井	東1		5,060	36.35	19.84	2022. 3	2.9	1.05	2.96
7095	マクビープラ	東M		7,500	36.11	2.09	2022. 4	35.2	12.72	—
2389	デジタルHD	東1		2,213	35.78	22.93	2021.12	4.4	1.57	—
4552	JCRファ	東1		3,580	35.13	15.34	2022. 3	33.3	11.69	0.45
7944	ローランド	東1		5,150	32.72	9.99	2021.12	18.4	6.02	1.83
8035	東エレク	東1		45,670	32.58	6.06	2022. 3	21.5	7.01	2.32

けているアイドマ・ホールディングス（7373）や、ケイアイスター不動産（3465）など、今後も株価上昇が期待できる銘柄が並んでいるという印象です（図64）。

リストを追っていくとイーブック（3658）が出てきます。社名はイーブックイニシアティブジャパンで、ヤフーのグループ会社ですが、最近ヤフーがLINEを傘下に収めたため、電子書籍の運営にイーブックのシステムを導入することが決まりました。その辺りの変化が、最近の株価の好調ぶりにも現れているのかもしれません。

実際、イーブックが「LINEマンガ」運営企業との業務提携を発表した6月2日はストップ高になっています（図65）。一方、同じ日にメディアドゥ（3678）の株価は大幅に下落しています。こちらはLINEマンガ向けにサ

■図65　イーブックの株価は6月2日ストップ高に

ービスを提供していることから、イーブックの発表を受けて、今後の業績への影響を懸念した思惑的な売りが出たようです。

電子書籍の業界も、一時は海賊版に荒らされてさんざんな目に遭いましたが、政府の規制などが入って一時株価も回復しました。しかし、その後も新たな海賊版が出てきて、再び業績が低迷しています。その中にあってイーブックだけが業績好調を維持し株価も堅調であるのは、ＬＩＮＥネタを好感した買いが入っているからではないかと思います。

最後に、①の「四半期ベース【営業増益の連続期数】ランキング」を見てみましょう。

ここでも、上位にある銘柄は、ほとんど私の保有銘柄で、下位のランキングを見ても、テンバガーを達成したり、その候補たる銘柄がひしめいています。

このように説明すると、「だったら、ここに並んでいる銘柄で、時価総額の低い銘柄を買えば、将来テンバガーするのではないか」と考える人も多いでしょうが、世の中そんなに甘くはありません。

四半期ベースの連続増益ですから、例えば8期連続といっても2年間増益を続けているだけで、ここ数年だけたまたまブームに乗って好調だということもあります。また、すでにピークを迎えてしまい、今後はあまり成長が期待できないところもあるでしょう。

そうなると、必然的に連続増益を長く続けている企業のほうが株価も安定して上昇しているということになりますが、そういう企業はすでに長い期間成長を続けているので、これからテンバガーするのは難しいかもしれません。また、そういう企業は、すでに時価総額も大きくなっているため、やはり将来テンバガーする可能性は低くなるでしょう。

しかし、ここに紹介されている銘柄を丹念に拾っていくと、時価総額も低く、今後の成長も期待できる将来のテンバガー候補を見つける可能性は、決して低くないと思います。上場企業3787社（2021年7月8日現在）のうち、『株探』が100社もしくはそれ以下まで絞り込んでくれているわけですから、こういうリストを活用すれば銘柄選びも効率的に行えます。

『株探』の豊富な機能の中には、まだ他の人が気づいていないようなものもたくさんあると思います。そういう自分なりのお気に入り機能を発見することも、将来のテンバガーを見つけるうえで重要なツールになると思います。

余弦さん

コロナ・ショックを逆手にとり、FXや先物などのハイブリッド投資で資産1億円を達成した余弦さんが、ゲリラ的な『株探』活用法を紹介。

余弦さんの『株探』活用術

私はもともとFXから投資の世界に入り、主にドル/円の売り、日経先物&ダウ先物の売りなどで資産を増やしてきましたが、株式投資も現物、信用の両面から行っています。そのうち現物株の売買は、優待や配当などのインカムゲインを狙ったものと、テーマ株を中心としたキャピタルゲイン狙いの両面から投資を行っています。

使うのはここ!

トップページ→決算速報のタブ→各企業の決算ページ

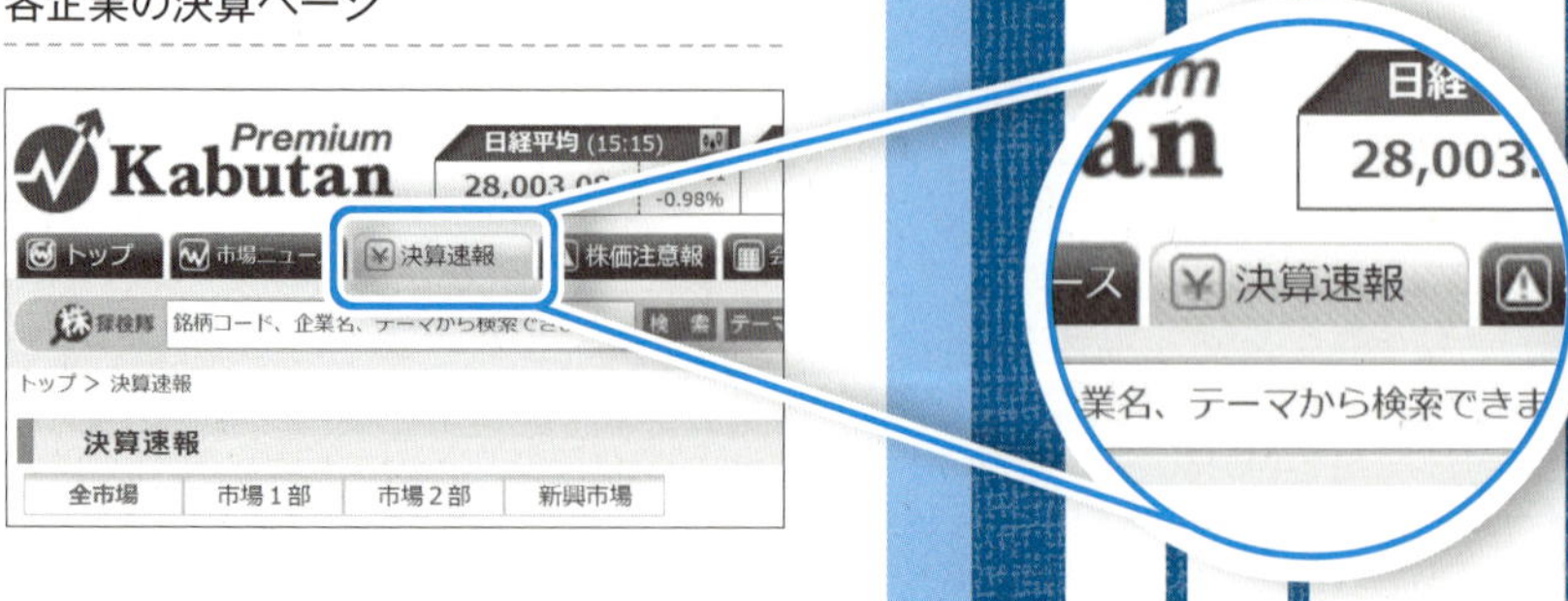

テーマは、まだ人気になっておらずこれから旬になっていくものを探しますが、その際に利用するのがSNS、グーグル、そして『株探』です。ややゲリラ的な方法にはなりますが、合法的かつみなさんでもできる方法ですので、ぜひ参考にしてみてください。

余弦（よげん）

自衛隊を経てアメリカへ留学。帰国後にホームレス生活も経験したという異色のトレーダー。2002年から投資を始め、現在は個人事業を営む兼業投資家。株式投資に加え先物やFXなども手がけ、2020年に資産1億円を達成。Twitter : @ygnfx

『株探』に検索サイトや読み上げ機能を組み合わせて将来の「テーマ株」を発掘

コロナ・ショック時に資産1億円を達成

ＦＸ出身の私が株式投資に興味を持ち始めたのは、株主優待というものがあることを知ってからです。しかもそのときは証券会社のキャンペーンもあって、口座を作るだけでキャッシュバックがもらえるというので、まずは口座を開設。当時、買い物に使っていたのがイオン系のスーパーで、株主になると普段の買い物がお得になると知り、買ってみたのが株式投資の最初です。

本格的に株式投資に取り組み始めたのは、信用取引が無限回転できるようになった２０１３年頃からで、個別株の売買にも力を入れるようになりました。当時はまだＦＸのほうがメインで、毎年１００万円程度の利益をぼちぼち出していたのですが、２０１５年～２０１６年のチャイナ・ショックでいったん資産を大きく削りました。

さらに、２０１６年に三菱重工株（７０１１）で大損をしてから、投資のスタイルが大きく変わります。

それまで、自分の中で必勝パターンと言える株式投資の法則がありました。それは、「本業に関係ない不祥事で下げた銘柄は買い」というものです。２００８年の上場後、すぐに不正会計問題で株価が暴落したビックカメラ（３０４８）や、２０１１年に不正会計事件を起こしたオリンパス（７７３３）、大王製紙（３８８０）の社長が会社からお金を借りてカジノでギャンブルに興じていた事件などが、その典型例です。

これらの株の急落局面でナンピン買い（保有銘柄の株価が下がったとき、さらに買い増して平均購入単価を下げること）を続ければ、必ずリバウンドして大きなリターンを得ることができました。

そこで調子に乗って、米国で起きた原発事故で巨額賠償訴訟を起こされた三菱重工株を買いました。現物で６０００万円分を仕込み、さらにそれを担保にして信用取引で買い続け、ピーク時には2億円近いポジションになっていたと思います。

これで大失敗したのです。この手の賠償請求訴訟は、最初に莫大な賠償金が請求され、日が経つにつれて徐々に賠償金が下がっていくものです。三菱重工の場合も、最初は８５００億円という巨額の賠償を請求されましたが、同社は「契約上の責任上限は１５５億円程度」と反論し続けました。

２０１７年3月には、賠償請求額が１４１億円に減額され、三菱重工の株価も上昇しました。

その意味では私の必勝法則は崩れていなかったのですが、実はこのとき、株価が持ち直す前に私のほうがパンクしてしまったのです。

賠償訴訟で株価は下落、当時の資産は8000万円程度でしたが、含み損が4000万円を超えて強制ロスカット間近のところで泣く泣く損切りしたのです。

この失敗を機に、個別株の売買は少し手控え、日経先物やダウ先物と、従来から行っていたFXも並行して行うようにしました。結果、株式投資だけで得た利益ではありませんが、2020年のコロナ・ショックでは「売り」で相当の資産を築き、1億円の大台に乗せることができました。

旬のテーマが話題になる前に仕込む

現在行っているのは、個別銘柄の買いと、指数先物のショート（売り）の組み合わせです。コロナ・ショック並みの暴落があと1回くらいは来るのではないかと思うので、そのときに備えて個別株を現物で持ちつつ、それを担保にCFD（差金決済）で先物のショートのポジションを取っています。

株式投資の部分でお話しすると、今はテーマ株投資に力を入れています。旬なテーマをいち早く見抜いて仕込み、話題になったときに売る。今で言えば「産業の米」とも言われる半導体がブームで、半導体関連の銘柄が人気ですが、このように誰もが目を付けるようになったテーマの株は、もうその時点で手放します。ブームになる前に「旬」なテーマを見抜ければ、少なくとも大負けすることはありません。

では、どうやって旬のテーマを見つけるかということですが、そこで活用するのがSNS、グーグル、そして『株探』です。

まず、ツイッターなどのSNSをざっと見て、気になるテーマやキーワードがあったら、それをグーグルで検索します。

グーグルの検索機能では「1週間以内」「1カ月以内」「1年以内」というふうに期間を指定することができます。この機能を使うと、例えば昨年はまったく注目されていなかったテーマの検索結果が、この1週間で急に増えたということなどがわかり、ブームが来ていることが予測できます。

さらに「1年以内」の検索を「1カ月以内」に絞り込んだとき、さらに検索結果が多ければ、それは新鮮なテーマだと言えますし、その反対ならすでに「出がらし」になったテーマだということになります。

その結果、今現在（2021年7月初旬）で注目しているテーマは、旅行・空運関係です。

具体的にはANAホールディングス（9202）、日本航空（9201）、あとエアトリ（6191）、エイチ・アイ・エス（9603）、そしてネット専業旅行社の旅工房（6548）

■図66 同テーマの銘柄が見つけやすい

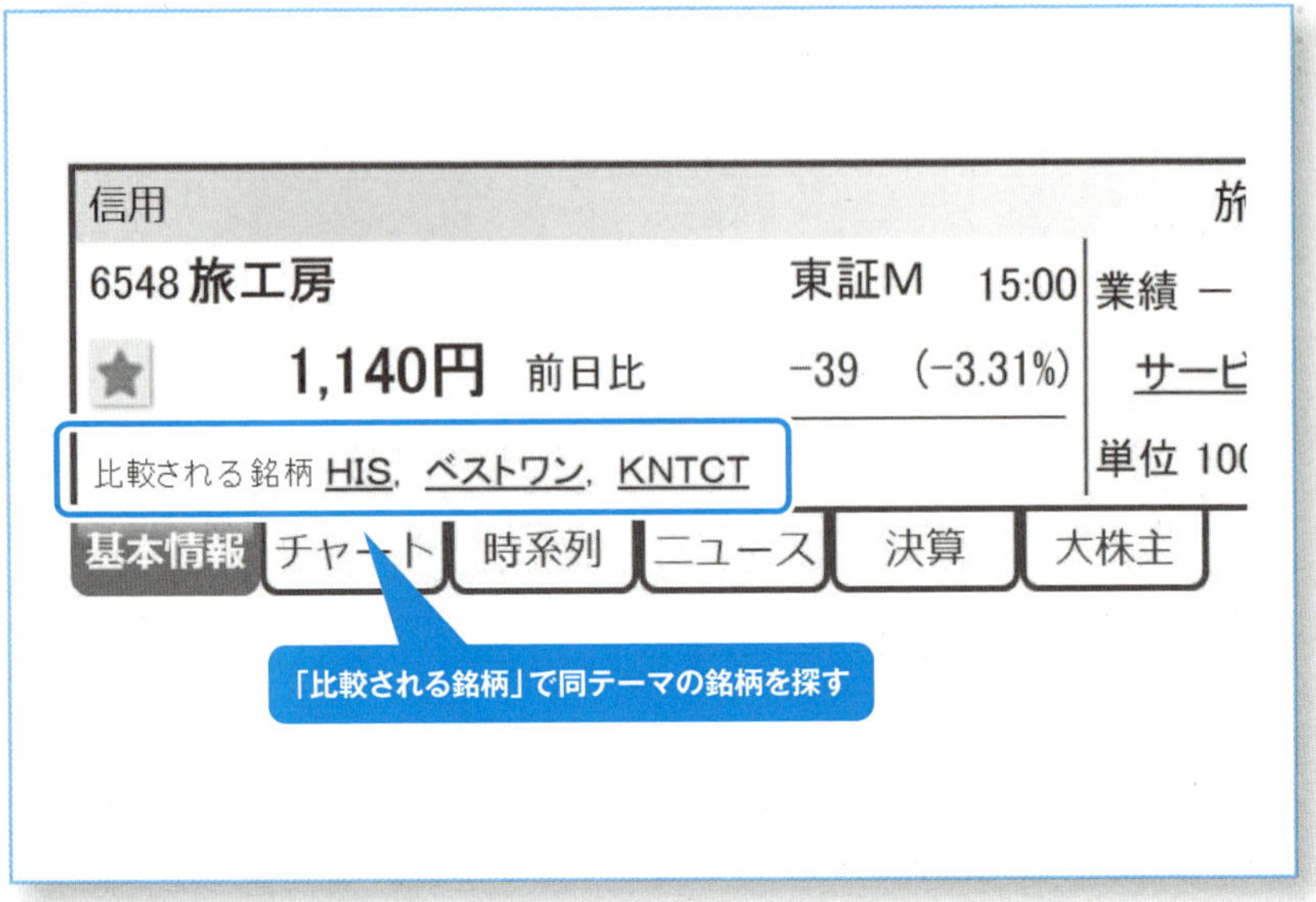

あたりを現物で持っています。

ちなみに『株探』でこれらの関連銘柄を探すときは、個別銘柄のページの銘柄名と株価の下に「比較される銘柄」という項目があり、同テーマの銘柄を探すときに便利ですよ（図66）。

これらの銘柄を手放すタイミングは、コロナウイルスのワクチン接種が広く行き渡り、「Ｇｏ Ｔｏトラベル」が再開される頃です。みんなが話題に挙げ出したら売る……これが鉄則です。

同様に、数年前からは半導体銘柄をたくさん仕込んでいましたが、最近熱くなり始めたので、もうほとんど手放しました。ラジオ日経を流していても（私はテレビは見ませんので）、ＳＵＭＣＯ（３４３６）や、米国株のエヌビディア（ＮＶＤＡ）など、ことあるごとに半導体関連銘柄や半導体セクターが話題に上りますが、こうなってきたテーマはもう、完全に自分の視野から外していきます。

売りのタイミングは、「株価が何パーセント上がったら売る」というような、明確な指標はありません。あえて言えば、「世の中の流れ」、さらに言えば「直感」です。

そう言うと、根拠もなくいい加減だと言われそうですが、実際、それで着実に利益を増やしているのですから、直感に頼るトレードも場合によってはそう捨てたものでもないことがおわかりいただけるのではないでしょうか。

これは私の持論でもあるのですが、投資が上手な人と同じやり方をしていたら、絶対勝てません。素人がプロの投資手法を真似て、損を出してしまうのは、非常に不幸な出来事だと思います。

その結果、個人投資家の8～9割は損をしているというのが実情です。だから素人投資家が成功するためには、切り口変えてやらないとだめだと思うのです。

余談ですが、私は気になるテーマや会社を見つけたら、実際その会社でアルバイトをする、ということもやっています。

最近までは、ヤマダホールディングス（9831）、いわゆる「ヤマダデンキ」の店舗でアルバイトをしていました。英語が話せるので、外国人向けの携帯電話の販売サポートをやっていたのです。コロナ以前は相当な数の外国人が訪れて大変な賑わいでしたが、コロナ禍以降、全然人が来なくなってしまったので、辞めました。

ヤマダホールディングスの前には、エディオン（２７３０）でアルバイトをしました。そして両者を比較した結果、エディオンの株を買い、ヤマダホールディングスの株は買いませんでした。理由はあまり詳しくはお話しできませんが、従業員のモチベーションとか、接客・サービスの質など、実際に勤めてみないとわからない部分というのは、多々あります。専業投資家の人たちも、ぜひ土日にはバイトすることをお勧めします。

話題になってしまったテーマは「売り」

現在保有している銘柄は十数銘柄です。先述した旅行・空運関係に加えて、昭和電工（４００４）、日立造船（７００４）、あとは優待狙いのＪＴ（２９１４）くらいです。それ以上保有していても、管理しきれませんので。

そのテーマが話題になる前の株価が安いときに買い、話題になったら売るというのがルールですが、思いのほか話題にならず、マイナスになったときは損切りします。損切りのルールは、「シナリオが崩れたら売る」というものです。

例えば旅行・空運関係銘柄は、Ｇｏ Ｔｏトラベルがいずれ再開されたときに売るという前提で保有していますが、ワクチン接種が進んだ今でもコロナがすぐに終息する気配はありません。そこで、Ｇｏ Ｔｏトラベルが無期延期になったり、あるいはそういう空気になってきた

■図67 『株探』で探す人気テーマ

人気テーマ（3日間のﾗﾝｷﾝｸﾞ）

1 パワー半導体
2 2021年のIPO
3 脱炭素
4 半導体
5 全固体電池
6 旅行
7 再生可能エネルギー
8 グローバルニッチ
9 半導体製造装置
10 太陽光発電関連

ベスト30を見る

人気テーマ【ベスト30】 （アクセスランキング 3日間）
2021年07月08日 04時03分

1	パワー半導体	三菱電機、ローム、東芝
2	2021年のIPO	日本電解、Enjin、アルマード
3	脱炭素	レノバ、岩谷産業、三井物産
4	半導体	ルネサス、ローム、富士電機
5	全固体電池	トヨタ自動車、日立造船、三櫻工業
6	旅行	ANAホールディングス、エイチ・アイ・エス、アドベンチャー
7	再生可能エネルギー	レノバ、テスホールディングス、オリックス
8	グローバルニッチ	レーザーテック、NITTOKU、ナブテスコ
9	半導体製造装置	東京エレクトロン、アドバンテスト、スクリン
10	太陽光発電関連	レノバ、イーレックス、INPEX
11	人材派遣	パーソルHD、パソナグループ、コンフィデンス
12	水害対策	地盤HD、ライト工業、ショーボンド
13	化粧品	アルマード、アイビー化粧品、Pアンチエイ
14	TOPIXコア30	トヨタ自動車、三菱UFJ、日本電信電話
15	地質調査	地盤HD、ITbook、キタック
16	2020年のIPO	Pアンチエイ、ウェルスナビ、プレイド
17	デジタルトランスフォーメーション	アイドマHD、富士通、ラクス
18	電気自動車関連	日産自動車、パナソニック、ニチコン

ときには、一度手仕舞うと思います。

そこで最後に、『株探』を活用して、こうしたテーマ株を探す方法を私なりに見つけ出しました。

まず、『株探』にも「人気テーマ」という項目があります。さらに「ベスト30を見る」というところをクリックすると、テーマのランキングが見られます（図67）。

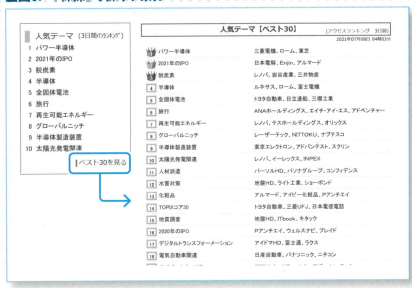

しかしながら、私はこれまで述べてきたように、すでに話題になってしまったテーマの株は売りますので、ここで上位に出てくるテーマから新たに銘柄を探すことはありません。むしろ、ここに出てきている上位の人気テーマは、「売り」の対象になります。

しかし、下位のテーマの中には、まだブームになっていないものもあるかもしれません。そこで、これらのテーマが1カ月前、1年前にはどういう扱いだったのかを調べたいと思います。

そこで、グーグルの検索機能を使います。グーグルの場合、検索するときに、「ｓｉｔｅ」「：（コロン）」または「．（ドット）」と入力した後にＵＲＬを入れると、そのＵＲＬ以下の情報しか拾わないという機能があります。

「site.kabutan.jp」と入力すると、この「kabutan.jp」以下にある情報だけ検索するようになるのです。例えば、「site.kabutan.jp」のあとに「トヨタ」と入力して検索すると、『株探』で紹介されているトヨタの情報だけが落ちてきます。

さらに「ツール」という機能を使うと、検索の期間指定ができますので、昨年の今頃、トヨタ自動車に関するどのような情報が『株探』で紹介されていたかということを調べることができます。

先述したように、あるテーマに関して、「1年以内」で検索するよりも、「1カ月以内」で検索したときのほうが検索結果が多ければ、新鮮なテーマだということが言えます。その反対なら、すでに語り尽くされたテーマだということです。

昭和電工などは、そういう経緯で買った銘柄です。少し前の話になりますが、電気自動車への利用が期待される「全固体電池」や、中国の環境規制などによって需要が詰まっている「黒鉛電極」に注目しました。その「黒鉛電極」というテーマで探したのが、昭和電工や東海カーボン（５３０１）です。

■図68 2021年新春の<株探トップ特集>で「全固体電池」を紹介

●全固体電池で三桜工や三井金属、ニッカトーなど

また、次世代のEV向け2次電池として注目を集めているのが、「全固体リチウムイオン電池」だ。現在の主流であるリチウムイオン電池は航続距離の問題や中にある電解液が燃えやすいという欠点がある。その一方、全固体電池は電解液の部分を固体材料（電解質）に変えており、発火リスクを解消できるほか、電気貯蔵能力も高い。トヨタは同電池の搭載車を20年代前半に販売する方針とも報道されており、今後の展開が注目を集めている。全固体電池関連では、村田製作所 <6981> やＴＤＫ <6762> のほか、三櫻工業 <6584> や三井金属鉱業 <5706> 、ＦＤＫ <6955> [東証２]、マクセルホールディングス <6810> 、出光興産 <5019> 、オハラ <5218> 、カーリットホールディングス <4275> 、ニッカトー <5367> などが注目銘柄に挙げられている。

これらのテーマを『株探』で探す場合、例えば「site.kabutan.jp 全固体電池」でグーグル検索します。期間は「1年以内」に絞ってみます。すると、『株探』で「全個体電池」が紹介されているのは主に2021年に入ってからなので、比較的新しいテーマであることがわかります。

2021年1月3日の〈株探トップ特集〉で、「新春3大テーマを追う（2）ＥＶ『〝脱ガソリン車〟へ本格発進で現実買い局面に』という特集が組まれ、その中で「全固体電池」とその関連銘柄も紹介されていました（図68）。

ちなみに、これはあくまでも私の投資手法に合わせた使い方なので、このような回りくどいことをしなくても、気になるテーマを『株探』で検索すれば、そのテーマの関連記事や、関連銘柄が簡単に見つけられます（図69）。

■図69 『株探』の検索機能で気になるテーマの関連銘柄を探す

「全固体電池」の検索結果　　「全固体電池」を含んだ 記事検索

企　業

●社名、証券コード、［傘下の企業名］［旧社名］［保有するブランド名］に**「全固体電池」**を含む企業

該当する企業は見つかりません

●テーマ名に**「全固体電池」**を含むテーマを有する企業

村田製 | トヨタ | 日立 | 日産自 | 日立造

テーマに関連した銘柄も一覧で見られ、PER、PBRなどの指標でソートもかけられる

テーマ

●テーマ名に**「全固体電池」**を含むテーマ

全固体電池

●テーマグループ名に**「全固体電池」**を含むテーマ

該当するテーマグループは見つかりません

日本の株主

●有価証券報告書に掲載された**「全固体電池」**を含む大株主

該当

●大量保有

該当

全固体電池関連が株式テーマの銘柄一覧

全固体電池は、既存のリチウムイオン電池では液体である電解質を固体にして、正極と負極を含めた部材をすべて固体で構成する電池のことで、ポスト・リチウムイオン電池の一角として注目を集めている。電解質が固体であるので液漏れのおそれがない上、正極と負極の接触を防ぐセパレーターも不要。また、一般に電解質が難燃性のため燃えにくく、安全性も高いのが特徴となっている。大容量化や長寿命化の可能性もあるとされている。

市場別：全市場 | 1部 | 2部 | 新興

時価総額別（単位：億円）：全銘柄 | -50 | 50-100 | 100-300 | 300-1000 | 1000-

1 2 3 4 次へ>　15件

人気テーマ ベスト30　株価更新

2021年07月07日 16:00現在 53銘柄

コード	銘柄名	市場	株価	前日比		ニュース	PER	PBR	利回り
1964	中外炉	東1	1,933	−19	−0.97%	NEWS	24.7	0.68	3.10
3402	東レ	東1	730.5	−17.9	−2.39%	NEWS	14.6	0.94	2.19
3405	クラレ	東1	1,007	−17	−1.66%	NEWS	11.5	0.67	3.97
3407	旭化成	東1	1,204.0	−33.0	−2.67%	NEWS	10.8	1.14	2.82
3863	日本紙	東1	1,241	−22	−1.74%	NEWS	143	0.35	3.22
3891	高度紙	JQ	3,500	−95	−2.64%	NEWS	17.9	2.27	0.63
4021	日産化	東1	5,270	−60	−1.13%	NEWS	22.1	3.79	2.05
4082	稀元素	東1	1,764	−25	−1.40%	NEWS	20.4	1.42	1.13
4114	日触媒	東1	5,310	−40	−0.75%	NEWS	21.2	0.67	1.88
4182	菱ガス化	東1	2,303	−30	−1.29%	NEWS	11.7	0.91	3.04
4183	三井化学	東1	3,710	−70	−1.85%	NEWS	9.2	1.20	2.96
4185	JSR	東1	3,400	−30	−0.87%	NEWS	27.1	2.19	1.76
4188	三菱ケミHD	東1	916.2	−15.8	−1.70%	NEWS	13.4	1.05	2.62
4204	積水化	東1	1,910	−30	−1.55%	NEWS	14.2	1.28	2.57
4275	カーリットH	東1	740	+14	+1.93%	NEWS	13.5	0.61	1.62

決算短信を音声で読み上げ

私はどちらかというと感覚で株式投資を行っているようなところがあって、ファンダメンタルズもテクニカルもそれほど細かくは追っていません。

例えば決算で見るのは、利益の質などです。この損失は事業がうまくいかずに出した損失なのか、設備投資を行った結果なのか。あるいは、この利益は本業で稼いだ利益なのか、特別利益のような〝棚ぼた〟で落ちてきた利益なのかといったところです。

むしろ決算を読み込み過ぎると、勝率が下がることもあります。もちろん決算を読むことは大事ですし、読めるようにしておくことも大事ですが、それはすでにプロがやっていることです。

繰り返しになりますが、プロと同じことをやっていても勝てないという観点から言うと、決算書を読むことに時間を割くくらいであれば、これからブームが来そうでまだ誰も気づいていないテーマを探したり、それこそアルバイトでもして現場を見たほうがいいと思います。

そこで私が発見した新たな『株探』の活用法があります。

『株探』のトップページには、「決算速報」というタブがあって、そこをクリックすると発表された決算が時系列で出てきます。

決算を見るとき、その会社のＩＲ情報や証券会社のサイトで見ていると、個別の会社のページを開いて一つひとつ決算を見て行かなければならないので、この『株探』で出てくる決算の一覧は、非常にありがたいです（図70）。

この決算速報から、保有銘柄や気になる銘柄の決算を拾い出してざっと目を通す方法もありますが、実はもっと効率的な方法があるのです。それは次のような方法です。

まず、マウスの真ん中のボタンを使って気になる銘柄の速報部分（青字部分）をクリックすると、その銘柄の決算速報が新しいタブで開きます。これをすべて一気に開き、ＰＣに音声で読ませるのです。

これが例えば、企業のＩＲページなどにＰＤＦで挙げられている決算短信などですと、プラグインの調子によっては読み上げ機能が使えない場合があります。しかし『株探』の記事はＨＴＭＬで出てきますので、読み上げが可能です。

これらの決算速報が音声読み上げ機能で読まれるのを聞きながら、別の作業をするのです。これは、ものすごい時間の効率化になります。

こうした、ややゲリラ的な使い方で申し訳ないのですが、初心者の方がプロと同じ土俵で勝負せずに勝てることが私のモットーですので、そのノウハウが少しでもみなさんのお役に立てたなら幸いです。

■図70 『株探』の決算速報ページ

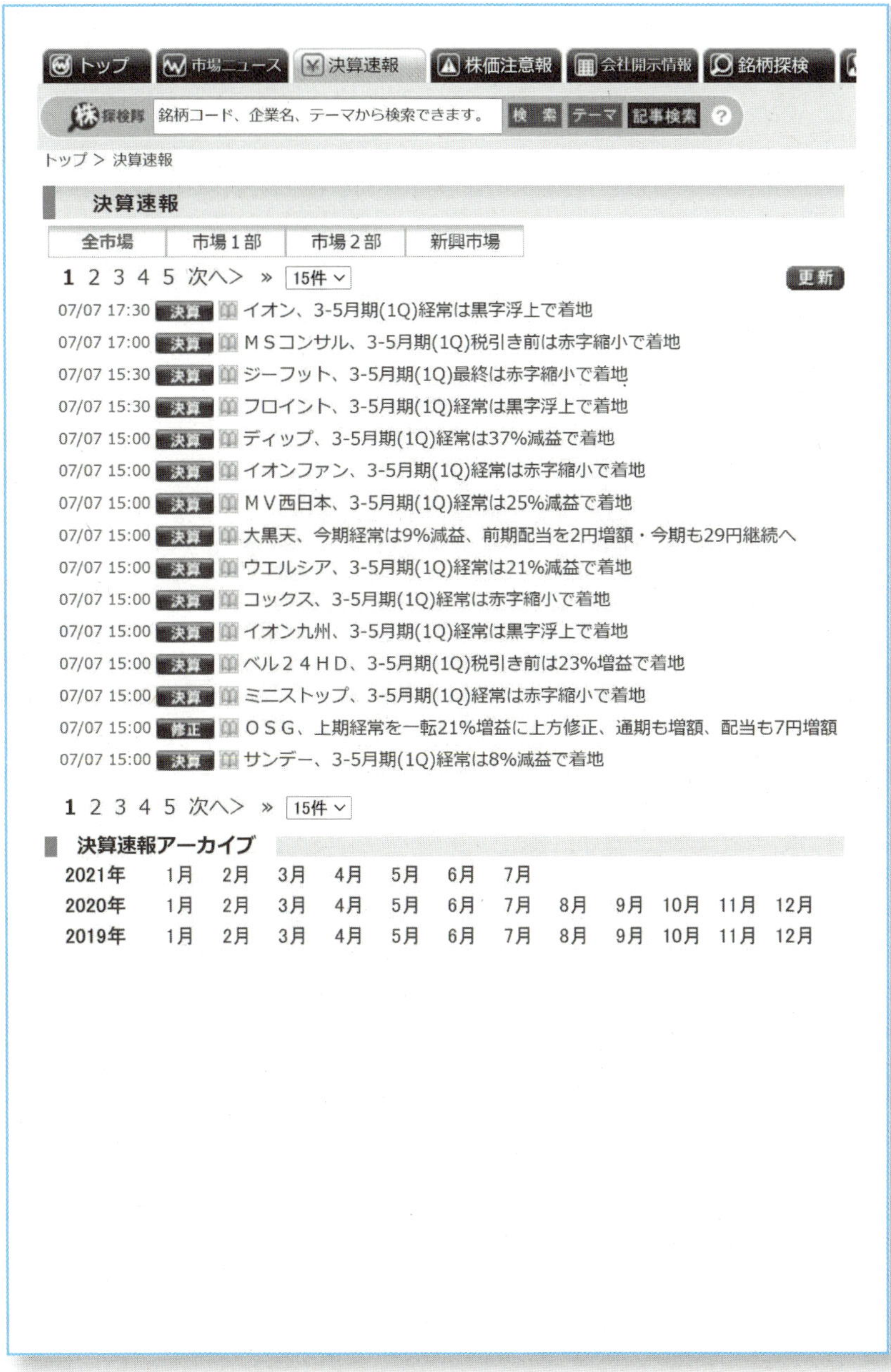

1億円を作る!
億り人がやっている
株探の超スゴい裏ワザ大全

2021年8月25日　第1刷発行

著　者
井村俊哉／愛鷹／某OL(emi)／余弦
DAIBOUCHOU／uki5496

発行人
蓮見清一

発行所
株式会社 宝島社
〒102-8388 東京都千代田区一番町25番地
電話：03-3234-4621(営業)／03-3239-0646(編集)
https://tkj.jp

印刷・製本　サンケイ総合印刷株式会社

Printed in Japan　ISBN 978-4-299-01873-1